EN İYİ ÇÖREK EL KİTABI

Her Seferinde Mükemmel çörek Pişirme Sanatında Ustalaşın

Sevim Keskin

Telif Hakkı Malzemesi ©2024

Her hakkı saklıdır

Bu kitabın hiçbir bölümü, incelemede kullanılan kısa alıntılar dışında, yayıncının ve telif hakkı sahibinin uygun yazılı izni olmadan, hiçbir şekilde veya yöntemle kullanılamaz veya aktarılamaz. Bu kitap tıbbi, hukuki veya diğer profesyonel tavsiyelerin yerine geçmemelidir.

İÇİNDEKİLER

- İÇİNDEKİLER 3
- GİRİİŞ 6
- **KLASİK BROŞ** 7
  - 1. ÖRGÜLÜ ÇÖREK 8
  - 2. EKŞİ MAYALI ÇÖREK 10
  - 3. MİNYATÜR BRİOCHE ÇÖREKLER 12
- **ÇİKOLATALI BROŞ** 15
  - 4. KAKAOLU BRİOCHE SABAH ÇÖREĞİ 16
  - 5. KLASİK ÇIKOLATALI BRİOCHE 20
  - 6. ÇİKOLATALI BRİOCHE BABKA 23
  - 7. DUBLE ÇIKOLATALI BRİOCHE EKMEK 26
  - 8. GLUTENSIZ BRİOCHE VEYA CHOCOLAT 29
  - 9. ÇİKOLATALI BRİOCHE CHINOIS 32
- **BAHARATLI BROŞ** 35
  - 10. VANİLYALI ÇÖREK 36
  - 11. TARÇINLI ÇÖREK 39
  - 12. ŞİLİ BİBERLİ ÇÖREK 42
  - 13. CEHRİ LORLU BAHARATLI BRİOCHE 45
  - 14. BAHARATLI BRİOCHE ACILI ÇÖREKLER 47
  - 15. CHAI BAHARATLI BRİOCHE SOMUNU 50
  - 16. ŞEKER VE BAHARATLI BRİOCHE 53
  - 17. ZERDEÇAL BAHARATLI BRİOCHE ÇÖREKLER 56
  - 18. TARÇINLI ŞEKER GİRDAP BRİOCHE 59
  - 19. HİNDİSTAN CEVİZİ ÜZÜMLÜ BRİOCHE RULOLARI 61
  - 20. KAKULE PORTAKALLI TWIST BRİOCHE 63
  - 21. ZENCEFİLLİ KURABİYE SOMUN 65
  - 22. BALKABAKLI BAHARATLI BRİOCHE DÜĞÜMLERİ 67
  - 23. CHAI BAHARATLI BRİOCHE SWIRLS 69
  - 24. ELMA ELMALI BRİOCHE MUFFİNLER 71
  - 25. VANİLYALI KAKULELİ BRİOCHE ÇELENGİ 73
- **BÖLGESEL BROŞ** 75
  - 26. KLASİK FRANSIZ BRİOCHE 76
  - 27. BİR AMERİKAN TATLISI 79
  - 28. İSVİÇRE ÇİKOLATALI BRİOCHE 81
  - 29. PROVENÇAL LİMONLU-LAVANTALI BRİOCHE 84
  - 30. GÜNEY TARÇINLI-CEVİZLİ BÖREK 87
  - 31. İSKANDİNAV KAKULE-PORTAKAL BRİOCHE 90
  - 32. ALSAS KUGELHOPF BÖREK 93
  - 33. PROVENÇAL FOUGASSE BRİOCHE 95
  - 34. İSVEÇ SAFRANLI BRİOCHE LUSSEKATTER 97
  - 35. İTALYAN PANETTONE BRİOCHE 99

36. Japon Matcha Kavunpan Brioche 101
37. Fas Portakal Çiçeği Börek 103
38. Hint Kakuleli ve Safranlı Brioche 105
39. Meksika Tarçınlı Çikolatalı Brioche 107

MEYVELİ BROŞ 109

40. Meyveli ve fındıklı börek 110
41. Çekirdekli Meyveli ve Fesleğenli Brioche Muhallebi Çörekler 112
42. Çikolatalı Çarkıfelek Meyveli Brioche Çörekler 115
43. Meyve Şekeri ve Cevizli Brioche Çelengi 118
44. Yaban Mersinli Limonlu Brioche 121
45. Ahududu Bademli Brioche Ruloları 123
46. Şeftali Vanilyalı Brioche Twist 125
47. Çilekli Krem Peynirli Brioche Örgüsü 127
48. Vişneli Bademli Brioche Swirls 129
49. Mango Hindistan Cevizli Brioche Ruloları 131
50. Böğürtlenli Limonlu Cheesecake Brioche 133
51. Narenciye Kivi Brioche Çelengi 135

SEBZELİ BROŞ 137

52. Brioches de pommes de terre 138
53. Ispanaklı ve Beyaz Peynirli Brioche Ruloları 140
54. Közlenmiş Kırmızı Biberli Keçi Peynirli Brioche Tart 142
55. Mantar ve İsviçre Peynirli Brioche Örgüsü 144
56. Kabak ve Parmesanlı Brioche Focaccia 146
57. Güneşte Kurutulmuş Domates ve Fesleğenli Brioche Ruloları ...148
58. Brokoli ve Cheddar Doldurulmuş Brioche Çörekler 150
59. Karamelize Soğan ve Gruyère Brioche Tart 152
60. Enginar ve Pestolu Brioche Fırıldaklar 154

PEYNİRLİ BROŞ 156

61. Peynirli çörek 157
62. Peynirli Armutlu Börek 159
63. Güneşte Kurutulmuş Domates ve Mozzarella Brioche 161
64. Parmesan ve Sarımsaklı Brioche Düğümleri 163
65. Pastırma ve Cheddar Dolması Brioche 165
66. Jalapeño ve Biber Jack Brioche Ruloları 167
67. Gouda ve Herb Brioche 169
68. Mavi Peynirli ve Cevizli Brioche 171

CEVİZLİ BROŞ 173

69. Kuru üzüm ve bademli tatlı börek 174
70. Cevizli Cevizli Karamelli Börek 177
71. Bademli ve Ballı Brioche Ruloları 179
72. Ceviz ve Akçaağaç Şurubu Brioche Knot 181
73. Fındıklı Çikolata Parçalı Brioche Swirls 183
74. Kaju ve Portakal Zest Brioche 185

75. Fıstık ve Ahududu Reçeli Brioche Knot 187
76. Macadamia Fındıklı ve Hindistan Cevizli Brioche Swirls 189
77. Fındıklı ve Espressolu Glaze Brioche 191

ÇİÇEKLİ BROŞ 193
78. Lavanta mısır unu börek 194
79. Lavanta Ballı Brioche 196
80. Gül Yaprağı ve Kakule Brioche Düğümleri 198
81. Portakal Çiçeği ve Fıstıklı Brioche Swirls 200
82. Papatya ve Limon Kabaklı Brioche 202
83. Yasemin Çayı ve Şeftali Börek Ruloları 204
84. Hibiscus ve Berry Brioche Düğümleri 206
85. Menekşe ve Limonlu Brioche Swirls 208
86. Mürver ve Yaban Mersinli Brioche 210

ŞALLAH BROŞ 212
87. Ekmek Makinası Challah 213
88. Mayonez Challah 215
89. Altı Örgülü Challah 217
90. Yağsız Challah 220
91. Kuru Üzüm Challah 222
92. Yumuşak Şallah 224
93. Ekşi mayalı Challah 227
94. Yeni yıl Challah 230
95. Doldurulmuş Challah 233
96. Tatlı Şallah 235
97. Çok Tereyağlı Challah 238
98. Su Şallah 240
99. Çıkolatalı Girdap Challah 242
100. Tuzlu Ot ve Peynir Challah 244

ÇÖZÜM 246

GİRİİŞ

Her seferinde mükemmel börek pişirme sanatında ustalaşmaya yönelik kapsamlı rehberiniz "EN İYİ ÇÖREK EL KİTABI" ile böreğin nefis dünyasına bir yolculuğa çıkın. Bu yemek kitabı, bu ikonik Fransız hamur işini tanımlayan zengin, tereyağlı ve yumuşak lezzetlerin bir kutlamasıdır. Ustalıkla hazırlanmış tarifler ve adım adım rehberlikle, pişirme becerilerinizi geliştirmenin ve kendi mutfağınızda muhteşem çörekler yaratmanın keyfini çıkarmanın zamanı geldi.

Taze pişmiş çörek aromasının evinizi doldurduğunu, altın rengi kabuğun yerini yumuşak ve havadar bir iç mekana bıraktığını hayal edin. "EN İYİ ÇÖREK EL KİTABI" sadece bir tarif koleksiyonundan daha fazlasıdır; Bu, bir börek meraklısı olma, tekniklerde ustalaşma ve bu klasik hamur işinin nüanslarını anlama biletinizdir. İster deneyimli bir fırıncı olun ister mutfakta acemi olun, bu tarifler size çörek dünyasında lezzetli bir yolculukta rehberlik etmek için titizlikle tasarlanmıştır.

Geleneksel börek somunlarından yenilikçi dokunuşlara ve enfes çeşitlere kadar her tarif, böreklerin sunduğu çok yönlülüğün ve hoşgörünün bir kanıtıdır. İster sakin bir hafta sonu kahvaltısı, ister şık bir brunch ya da leziz bir ikindi çayı hayal ediyor olun, bu el kitabında aradığınız her şey mevcuttur.

Mükemmel kabarmanın ardındaki bilimi, hamurun içine tereyağı sürmenin büyüsünü ve hem mutfak harikası hem de pişirme becerinizin kanıtı olan bir hamur işi yaratmanın mutluluğunu keşfederek, börek pişirme sanatını açığa çıkarırken bize katılın. O halde, fırınlarınızı önceden ısıtın, merdanelerinizin tozunu alın ve mükemmel pişirme ve saf hoşgörü yolculuğu için "EN İYİ ÇÖREK EL KİTABI"a dalalım.

KLASİK BROŞ

1.Örgülü çörek

İÇİNDEKİLER:

- ⅓ bardak Su
- 2 büyük Yumurta
- 2 büyük Yumurta sarısı
- Yarım kilo Tereyağı veya margarin
- 2½ bardak Çok amaçlı un
- 3 yemek kaşığı Şeker
- ½ çay kaşığı Tuz
- 1 paket aktif kuru maya

TALİMATLAR:

a) Üreticinin talimatlarına göre malzemeleri ekmek makinesi tavasına ekleyin.
b) Tatlı veya hamur döngüsünü seçin. 3. Döngünün sonunda hamuru çok amaçlı unla hafifçe kaplanmış bir tahtaya kazıyın. Hamuru 3 eşit parçaya bölün. 1½ kiloluk bir somun yapıyorsanız, her parçayı yaklaşık 12 inç uzunluğunda bir ip oluşturacak şekilde yuvarlayın.
c) 2 kiloluk bir somun için, her parçayı yaklaşık 14 inç uzunluğunda bir ip oluşturacak şekilde yuvarlayın. Halatları tereyağlı 14 x 17 inçlik bir fırın tepsisine yaklaşık 1 inç aralıklarla paralel olarak yerleştirin.
ç) İpleri bir ucundan sıkıştırın, gevşek bir şekilde örün, ardından örgü ucunu birbirine sıkıştırın.
d) Somunu plastik ambalajla hafifçe örtün ve ılık bir yerde kabarıncaya kadar yaklaşık 35 dakika bekletin. Plastik ambalajı çıkarın.
e) 1 büyük yumurta sarısını 1 yemek kaşığı suyla karıştırıp çırpın. Örgüyü yumurta karışımıyla fırçalayın.
f) Örgüyü 350 F fırında altın kahverengi olana kadar yaklaşık 30 dakika pişirin. Dilimlemeden en az 15 dakika önce bir raf üzerinde soğutun. Sıcak, ılık veya soğuk olarak servis yapın.

2.Ekşi mayalı çörek

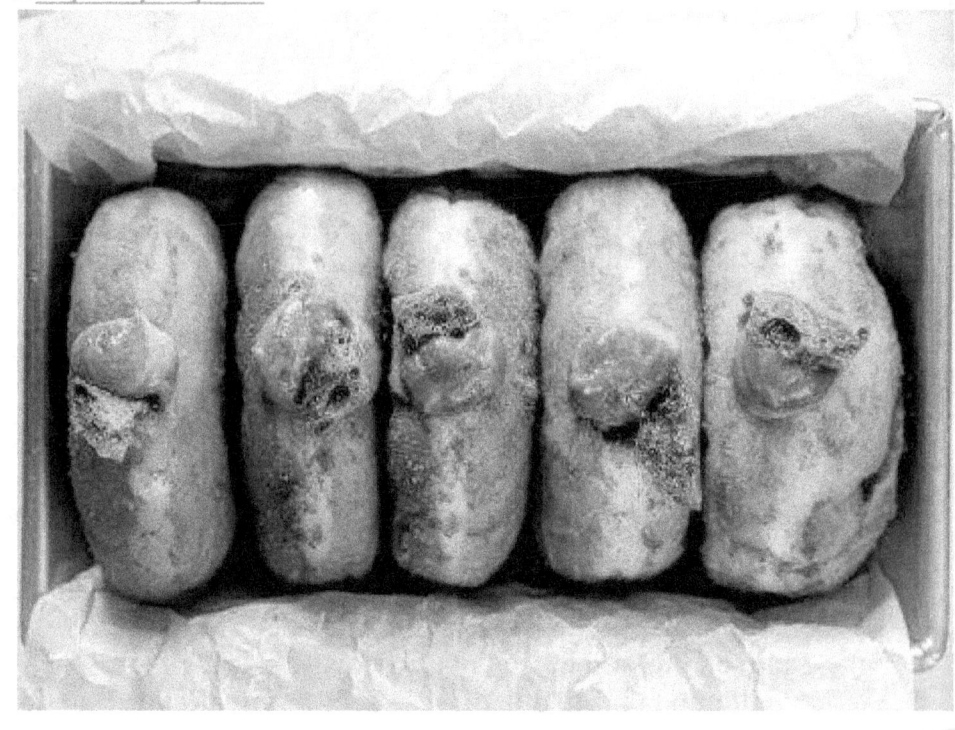

İÇİNDEKİLER:

- 3½ oz. (100 gr) buğday ekşi mayası
- 3½ su bardağı (450 gr) buğday unu
- ⅓ bardak (75 ml) süt, oda sıcaklığında 5¼ çay kaşığı (15 g) taze maya
- 5 yumurta
- ⅓ su bardağı (75 gr) şeker
- 1½ yemek kaşığı (25 gr) tuz
- 1½ su bardağı (350 gr) tuzsuz tereyağı, yumuşatılmış
- Üzerine sürmek için 1 yumurta

TALİMATLAR:

a) Ekşi mayayı buğday ununun, sütün ve mayanın yarısıyla karıştırın. Karışımı yaklaşık 2 saat kadar bekletin.

b) Tereyağı dışındaki tüm malzemeleri ekleyip iyice karıştırın. Daha sonra tereyağını azar azar ekleyin; her seferinde yaklaşık ¼ bardak (50 g) ekleyin. İyice yoğurun.

c) Hamurun üzerini bir bezle örtüp yaklaşık 30 dakika kadar mayalanmaya bırakın.

ç) Yirmi küçük, pürüzsüz çörek haline getirin. Cupcake kalıplarına yerleştirip iki katına çıkana kadar mayalanmaya bırakın. Çörekleri yumurtayla yağlayın.

d) Böreği 210°C'de (400°F) yaklaşık 10 dakika pişirin.

3.Minyatür Brioche Çörekler

İÇİNDEKİLER:
BAŞLANGIÇ:
- 1 su bardağı (140 gr) Glutensiz Ekmeklik Un
- 2⅔ çay kaşığı (8 g) Hazır Maya
- 1 yemek kaşığı (12 gr) Şeker
- ½ bardak Süt, haşlanmış ve 95°F'ye soğutulmuş
- ¼ bardak artı 2 yemek kaşığı Ilık Su (yaklaşık 95°F)

HAMUR:
- 3 su bardağı (420 gr) Glutensiz Ekmeklik Un
- 1 çay kaşığı (6 gr) Koşer Tuzu
- 1½ yemek kaşığı Bal
- 3 Büyük Yumurta, oda sıcaklığında çırpılmış
- 11 yemek kaşığı (154 gr) Tuzsuz Tereyağı, oda sıcaklığında
- Yumurta yıkama (1 Büyük Yumurta, oda sıcaklığında, 1 yemek kaşığı sütle çırpılmış)

TALİMATLAR:
BAŞLANGIÇ İÇİN:
a) Orta boy bir kapta başlangıç malzemelerini iyice birleşene kadar çırpın. Karışım kalın ve şekilsiz olacaktır.
b) Kaseyi kapatın ve iki katına çıkana kadar yükselmesi için sıcak, hava akımı olmayan bir yerde bir kenara koyun; bu yaklaşık 40 dakika sürer.
c) Hamuru için:
ç) Mayalı hamur iki katına çıkınca hamuru hazırlayın. Unu ve tuzu stand mikserinizin kasesine koyun ve iyice birleştirmek için çırpın.
d) Balı, yumurtaları, tereyağını ve kabarmış mayayı kaseye ekleyin. Birleştirilene kadar hamur kancasıyla düşük hızda karıştırın.
e) Mikser hızını orta seviyeye yükseltin ve yaklaşık 5 dakika yoğurun. Hamur yapışkan olacaktır ancak pürüzsüz ve esnek olmalıdır.
f) Silikon bir spatulaya hafifçe yemeklik yağ spreyi sıkın ve kasenin kenarlarını kazıyın.
g) Hamuru, hafifçe yağlanmış bir kaseye veya hamurun boyutunun iki katına çıkmasına yetecek kadar büyük bir prova kovasına aktarın. Yağlanmış bir plastik ambalaj parçasıyla (veya prova kovanızın yağlanmış üst kısmıyla) örtün.
ğ) Hamuru en az 12 saat, en fazla 5 gün buzdolabına koyun.

PİŞİRME GÜNÜNDE:

h) On altı minyatür börek kalıbını veya standart muffin kalıplarını iyice yağlayın ve kenarlı bir fırın tepsisine bir kenara koyun.

ı) Hamuru hafifçe unlanmış bir yüzeye alıp pürüzsüz hale gelinceye kadar yoğurun.

i) Hamuru yavaş yavaş ikiye bölerek on altı eşit parçaya bölün. Her bir parçayı yuvarlak hale getirin ve bir parçayı diğerinden biraz daha küçük yapın. Her kalıba küçük yuvarlakları büyük olanın üzerine yerleştirin ve yapışmasını sağlamak için hafifçe bastırın.

j) Kalıpları fırın tepsisine yağlı plastik ambalajla örtün ve boyutları iki katına çıkana kadar (yaklaşık 1 saat) yükselmeleri için sıcak, hava akımı olmayan bir yere koyun.

k) Hamurun kabarması bitmeden yaklaşık 25 dakika önce fırınınızı 350°F'ye ısıtın.

l) Çöreklerin boyutu iki katına çıktığında, plastik ambalajı çıkarın, üst kısımlarını yumurta akı ile cömertçe fırçalayın ve fırın tepsisini önceden ısıtılmış fırının ortasına yerleştirin.

m) Çörekleri yaklaşık 15 dakika veya hafif altın rengi kahverengi olana kadar pişirin ve anında okunan termometreye ortasını 185°F kaydedin.

n) Servis yapmadan önce çöreklerin kısa süre soğumasını bekleyin. Minyatür Brioche Çöreklerinizin tadını çıkarın!

ÇİKOLATALI BROŞ

4.Kakaolu Brioche Sabah Çöreği

İÇİNDEKİLER:
ÖN FERMANTASYON
- 1⅓ su bardağı (160 gr) çok amaçlı un
- 1¼ bardak tam yağlı süt
- 1 yemek kaşığı. hazır maya

HAMUR
- 1 büyük yumurta
- 1¾ bardak tam yağlı süt
- 1 yemek kaşığı. hazır maya
- ⅔ su bardağı (133 gr) toz şeker
- ½ su bardağı (42 gr) şekersiz kakao tozu
- 1 yemek kaşığı. artı 1 çay kaşığı. koşer tuzu
- 5½ bardak (687 g) çok amaçlı un, ayrıca yüzey için daha fazlası
- 2 yemek kaşığı. tuzsuz tereyağı, oda sıcaklığı, artı 2¼ bardak (4¼ çubuk) tuzsuz tereyağı, serin ama soğuk değil

DOLUM VE MONTAJ
- Tuzsuz tereyağı, oda sıcaklığında, tava için
- Tava için ham şeker
- ⅓ su bardağı (paketlenmiş, 66 gr) esmer şeker
- 1 yemek kaşığı. öğütülmüş tarçın
- 1 çay kaşığı. koşer tuzu
- ⅓ su bardağı (66 gr) toz şeker, ayrıca atmak için daha fazlası
- 3 oz. bitter çikolata, küçük parçalara bölünmüş
- 1 büyük yumurta

TALİMATLAR:
ÖN FERMANTASYON
a) Un, süt ve mayayı bir stand mikserinin kasesinde birleşene kadar karıştırın (karışım, hamur gibi ince olacaktır). Yaklaşık 1 saat kadar, boyutu iki katına çıkana kadar ılık bir yerde üstü açık olarak mayalanmaya bırakın.

HAMUR
b) Ön mayalamaya yumurta, süt ve mayayı ekleyin ve stand mikserine ekleyin. Hamur kancasını takın ve birleşene kadar düşük hızda çırpın.

c) Toz şeker, kakao tozu, tuz, 5½ su bardağı (687 g) çok amaçlı un ve 2 yemek kaşığı ekleyin. oda sıcaklığında tereyağı;

Pürüzsüz bir hamur oluşana kadar düşük hızda karıştırın. Hamuru büyük bir kaseye aktarın, üzerini nemli bir mutfak havlusuyla örtün ve ılık bir yerde hacmi iki katına çıkana kadar yaklaşık 1 saat mayalanmaya bırakın.

ç) Bu arada, 2¼ bardak (4¼ çubuk) soğuk tereyağını düşük hızda düşük hızda bir stand mikserinin temiz kasesinde, pürüzsüz ve sürülebilir ancak yine de soğuk olana kadar karıştırın. Bir parşömen kağıdı üzerine açın ve ofset bir spatula ile tereyağını küçük bir dikdörtgen haline getirin. Başka bir parşömen kağıdıyla örtün ve tereyağını 16x12 inçlik bir dikdörtgene yuvarlayın. Hamur hazır olana kadar tereyağını soğutun (tereyağı serin ama dövülebilir tutmak istiyorsunuz; çok sert olmasına izin vermeyin).

d) Hamuru cömertçe unlanmış bir çalışma yüzeyine çevirin ve 24x12 inçlik bir dikdörtgen şeklinde yuvarlayın; kısa tarafı size bakacak şekilde konumlandırın. Tereyağını ortaya çıkarın ve hamurun üzerine yerleştirin, yakın kenar boyunca sıralayın ve hamurun alt üçte ikisini kaplayın.

e) Hamurun üst üçte birini tereyağının üzerine katlayın, ardından alt üçte birini yukarı ve üzerine katlayın (bir harf gibi). Çabuk ama nazikçe hamuru tekrar 24x12 inçlik bir dikdörtgen şeklinde açın, yapışmayı önlemek için çalışma yüzeyini unlayın ve oklavayla gerektiği gibi açın. (Herhangi bir noktada hamur işlenemeyecek kadar yapışkan hale gelirse veya tereyağı erimeye başlarsa, buzdolabında 20 dakika soğutun. ve devam etmeden önce sertleşmesini bekleyin.)

f) Hamuru tekrar üçe katlayın, yağlı kağıt veya plastikle sarın ve 1 saat soğutun.

g) Hamuru buzdolabından çıkarın ve yukarıdaki gibi yuvarlama ve katlama işlemlerini bir kez daha tekrarlayın. Katlanmış hamuru 3 eşit dikdörtgene kesin ve her birini plastiğe sıkıca sarın. Kullanıma hazır olana kadar soğutun.

ğ) Devam edin: Hamur 1 gün önceden yapılabilir. Soğutun veya 2 aya kadar dondurun.

DOLUM VE MONTAJ

h) Çörekler pişirmeye hazır olduğunuzda, 6 fincanlık jumbo muffin tepsisinin fincanlarını cömertçe yağlayın; her bardağa cömertçe ham şeker serpin. Esmer şekeri, tarçını, tuzu ve ⅓ bardak (66 g) toz şekeri küçük bir kasede karıştırın.

ı) 1 parça hamurla çalışarak paketi açın ve yaklaşık ¾" kalınlığında 12x6" dikdörtgen şeklinde yuvarlayın. Altı adet 6x2" dikdörtgen halinde kesin. Kısa kenarın üstünden ¼" başlayarak, 3 eşit şerit oluşturmak için hamurun dikdörtgeninde 2 uzunlamasına yarık kesin. Telleri örün ve kahverengi şeker karışımını cömertçe serpin. 2 veya 3 küçük parça çikolatayı örgü ve bobin üzerine üst üste gelecek şekilde yerleştirin. Hazırlanan çörek tepsisine topuzu örgü tarafı yukarı bakacak şekilde yerleştirin. Kalan 5 dikdörtgenle tekrarlayın. Esmer şeker karışımının üçte birini ve çikolatanın üçte birini kullanmak isteyeceksiniz, kalan esmer şeker karışımını ve çikolatayı kalan 2 parça hamur için ayıracaksınız.

i) Fırını 375°'ye önceden ısıtın. Çörekleri bir mutfak havlusu veya plastik ambalajla gevşek bir şekilde örtün ve boyutları iki katından biraz daha az olana kadar yaklaşık 30 dakika kadar kabarmaya bırakın. (Alternatif olarak, çörekleri bir gece buzdolabında bekletin ve sabah pişirin. Eğer çörekler buzdolabında belirgin şekilde kabarmadıysa, pişirmeden 30-60 dakika önce oda sıcaklığında bekletin.)

j) Yumurta ve 2 çay kaşığı çırpın. küçük bir kapta su. Çöreklerin üstlerini yumurta akı ile fırçalayın ve üstleri kabarıncaya ve gevrek bir dış katman oluşana kadar yaklaşık 35 dakika pişirin. (Kalıplanmamış çörekler vurulduğunda hafif içi boş bir ses çıkarmalıdır.) Tavada 2 dakika soğumaya bırakın, ardından yavaşça tavadan kaldırın ve bir tel rafa aktarın. Çörekler işlenecek kadar soğuyana kadar bekletin.

k) Orta boy bir kaseye biraz toz şeker koyun. Teker teker çalışarak çörekleri şekere atın ve rafa geri dönün. Tamamen soğumaya bırakın.

l) Kalan hamur parçalarıyla aynı işlemi tekrarlayın veya kalan tarçın karışımını ve çikolata parçalarını, kalan hamuru pişirmeye hazır olana kadar hava geçirmez kaplarda oda sıcaklığında ayrı ayrı saklayın.

5.Klasik Çikolatalı Brioche

İÇİNDEKİLER:
BROŞ HAMURU İÇİN:
- 2 3/4 bardak (330 g) çok amaçlı un
- 1 1/2 çay kaşığı (4 gr) hazır maya
- 3 yemek kaşığı (29 gr) toz şeker
- 1 1/4 (7 gr) çay kaşığı tuz
- Oda sıcaklığında hafifçe dövülmüş 4 büyük (200 g) yumurta
- 1/4 bardak (57 g) tam yağlı süt, oda sıcaklığında
- 10 yemek kaşığı (140 gr) oda sıcaklığında tuzsuz tereyağı
- Yumurta yıkama

ÇİKOLATA DOLGUSU İÇİN:
- 4 ons (113 g) tuzsuz tereyağı, oda sıcaklığında
- 1/4 su bardağı (50 gr) toz şeker
- 1/3 su bardağı (40 gr) kakao tozu
- 1 yemek kaşığı (21 gr) bal
- 1/4 çay kaşığı (1,4 gr) tuz

TALİMATLAR:
BÖREK İÇİN:
a) Stand mikserinin kasesinde un, maya, şeker ve tuzu birleştirin. Yumurta ve sütü ekleyin. Orta hızda 5 dakika karıştırın.
b) Kenarlarını kazıyın, ele yapışıyorsa un ekleyin ve karıştırmaya devam edin. Bu işlemi iki kez daha tekrarlayın.
c) Mikserin düşük ayarındayken tereyağının yarısını ekleyin ve karıştırın. Kalan tereyağını kazıyıp ekleyin. Elastik ve parlak olana kadar karıştırın.
ç) Hamuru unlanmış bir kaba aktarın, üzerini örtün ve 1-2 saat mayalanmaya bırakın. Gazları bastırın ve gece boyunca buzdolabında saklayın.

ÇİKOLATA DOLGUSU İÇİN:
d) Bir mikser kullanarak yumuşatılmış tereyağını krema kıvamına gelinceye kadar çırpın. Şekeri ekleyip kabarıncaya kadar çırpın. Kakao tozu, bal ve tuzu birleşene kadar karıştırın.

MONTAJLAMA:
e) Hamuru dört parçaya bölün. Bir parçayı 7 "x 12" dikdörtgen şeklinde açın.

f) Dolgunun dörtte birini 1/2" kenarlık bırakarak yayın. Sıkıca bir kütük şeklinde yuvarlayın. Diğer parçalarla tekrarlayın.
g) Günlükleri 5 dakika dondurun. Üst kısmını kesmeden uzunlamasına ikiye bölün. Hamuru örün.
ğ) Fırçayla su sürün, daire şekli verin ve uçlarını sıkıştırın. Kalan hamurla tekrarlayın.
h) 1 saatlik kanıt. Fırını 350°F/177°C'ye önceden ısıtın.
ı) Üzerine yumurta sarısı sürün ve altın rengi kahverengi olana kadar, 20-25 dakika pişirin.

6.Çikolatalı Brioche Babka

İÇİNDEKİLER:

HAMUR:
- 4 1/4 bardak (530 gram) çok amaçlı un, ayrıca toz almak için ekstra
- 1/2 su bardağı (100 gram) toz şeker
- 2 çay kaşığı anlık maya
- Yarım portakalın rendelenmiş kabuğu
- 3 büyük yumurta (hafifçe dövülmüş)
- 1/2 bardak su (soğuk ve gerekirse ekstra)
- 3/4 çay kaşığı ince deniz veya sofra tuzu
- 2/3 bardak tuzsuz tereyağı (150 gram veya 5,3 ons), oda sıcaklığında
- Kaseyi yağlamak için ayçiçeği veya başka bir nötr yağ

DOLGU:
- 4 1/2 ons (130 gram) iyi bitter çikolata (veya yaklaşık 3/4 fincan bitter çikolata parçacıkları)
- 1/2 su bardağı (120 gram) tuzsuz tereyağı
- Az miktarda 1/2 su bardağı (50 gram) pudra şekeri
- 1/3 su bardağı (30 gram) kakao tozu
- Bir tutam tuz
- 1/4 çay kaşığı tarçın (isteğe bağlı)

SÜZME ŞURUBU:
- 1/4 su bardağı su
- 4 yemek kaşığı toz şeker

TALİMATLAR:

HAMURUN YAPILMASI:

a) Stand mikserinizin kasesinde un, şeker ve mayayı birleştirin.

b) Yumurta, 1/2 su bardağı su ve portakal kabuğu rendesini ekleyin. Bir araya gelinceye kadar hamur kancasıyla karıştırın. Gerekirse ekstra su ekleyin.

c) Mikseri düşük devirde tuz ve ardından yavaş yavaş tereyağını ekleyin. Pürüzsüz hale gelinceye kadar orta hızda 10 dakika karıştırın.

ç) Büyük bir kaseyi yağla kaplayın, hamuru içine yerleştirin, üzerini streç filmle örtün ve en az yarım gün, tercihen bir gece buzdolabında bekletin.

DOLGUYU YAPIN:
d) Tereyağı ve çikolatayı pürüzsüz hale gelene kadar birlikte eritin. İsterseniz pudra şekeri, kakao tozu, tuz ve tarçını karıştırın.
e) Soğuması için bir kenara koyun.

SOMUNLARI BİRLEŞTİRİN:
f) Hamurun yarısını hafif unlanmış tezgahta 10 santim genişliğinde açın.
g) Çikolata karışımının yarısını hamurun üzerine yayın ve 1/2 inçlik bir kenarlık bırakın. Hamuru bir kütük haline getirin, nemlendirilmiş ucunu kapatın.
ğ) İşlemi hamurun diğer yarısıyla tekrarlayın.
h) Uçlarını kesin, her kütüğü uzunlamasına ikiye bölün ve tezgahın üzerine yan yana koyun. Onları birlikte çevirin.
ı) Her bükümü hazırlanan somun tavalarına aktarın. Örtün ve oda sıcaklığında 1 ila 1 1/2 saat boyunca yükselmeye bırakın.

SOMUNLARI PİŞİRİN VE BİTİRİN:
i) Fırını 375°F'ye (190°C) önceden ısıtın. Pişip pişmediğini kontrol ederek 25-30 dakika pişirin.
j) Şekeri ve suyu eriyene kadar kaynatarak basit şurubu hazırlayın. Fırından çıkar çıkmaz babkaların üzerine şerbeti sürün.
k) Tavada yarıya kadar soğutun, ardından soğutmayı tamamlamak için bir soğutma rafına aktarın.
l) Babkalar oda sıcaklığında birkaç gün saklanır veya daha uzun süre saklamak için dondurulabilir.

7.Duble Çikolatalı Brioche Ekmek

İÇİNDEKİLER:

ÇİKOLATALI BROŞ HAMURU:
- 2 1/2 bardak çok amaçlı un
- 1/3 su bardağı şekersiz kakao tozu
- 1/4 su bardağı toz şeker
- 2 1/4 çay kaşığı aktif maya (1 paket)
- 1 çay kaşığı tuz
- 3/4 bardak tam yağlı süt
- 1 büyük yumurta
- 4 yemek kaşığı tereyağı

ÇİKOLATA DOLGU:
- 4 yemek kaşığı tereyağı, oda sıcaklığında
- 1/3 su bardağı esmer şeker, paketlenmiş
- 1 yemek kaşığı şekersiz kakao tozu
- 1 çay kaşığı espresso tozu
- 2 ons koyu çikolata, ince doğranmış

DİĞER:
- 2 yemek kaşığı yumuşatılmış tereyağı (somun tavası hazırlığı için)
- 1 yemek kaşığı toz şeker (ekmek tavası hazırlığı için)

TALİMATLAR:

a) Büyük bir kapta 4 yemek kaşığı tereyağını ve 3/4 bardak tam yağlı sütü birleştirin. Tereyağı tamamen eriyene kadar ısıtın.
b) Tereyağı ve sütün 100-110 dereceye kadar soğumasını bekleyin. 1/4 su bardağı toz şeker ve 1 paket aktif kuru maya ekleyin. Maya kabarcıklı ve köpüklü hale gelinceye kadar yaklaşık 10 dakika bekletin.
c) 1 yumurtayı kaseye çırpın.
ç) 2 1/2 su bardağı çok amaçlı un, 1/3 su bardağı şekersiz kakao tozu ve 1 çay kaşığı tuzu kaseye eleyin. Bir hamur oluşmaya başlayana kadar karıştırın.
d) Hamuru unlu bir yüzeye aktarın ve yaklaşık 5 dakika yoğurun.
e) Hamuru hafifçe yağlanmış büyük bir cam kaseye aktarın. Plastik ambalajla sıkıca kapatın ve 60-90 dakika veya boyutu iki katına çıkana kadar dinlenmeye bırakın.
f) Hamuru büyük bir dikdörtgen şeklinde yuvarlayın. Tüm yüzeye 4 yemek kaşığı yumuşatılmış tereyağı sürün.

g) Küçük bir tabakta 1/3 su bardağı esmer şekeri, 1 yemek kaşığı şekersiz kakao tozunu ve 1 çay kaşığı espresso tozunu birleştirin. Karışımı tüm yüzeye serpin, ardından 2 ons ince kıyılmış bitter çikolata ekleyin.
ğ) Hamuru tarçınlı rulo gibi sıkıca yuvarlayın ve dikişi sıkıştırarak kapatın. Açtığınız hamuru uzunlamasına, ek yeri aşağı gelecek şekilde yerleştirin.
h) Açılan hamur ikiye bölünüp örülür.
ı) Tüm iç kısmını 2 yemek kaşığı yumuşatılmış tereyağı ile kaplayıp 1 yemek kaşığı toz şeker serperek 9 "x5" boyutunda bir somun tavası hazırlayın.
i) Örgülü somunu, uçları aşağıya doğru kıvırarak hazırlanan tavaya aktarın. Plastik ambalajla örtün ve sıcak bir yerde 45 dakika dinlendirin.
j) Fırını 350 dereceye kadar önceden ısıtın. Hamur kabardıktan sonra, üst kısmı sertleşene ve dokunulabilecek kadar sertleşene kadar 25-28 dakika pişirin.
k) Ekmek tavasını 10 dakika boyunca bir soğutma rafına aktarın, ardından tamamen soğuması için somunu doğrudan rafa aktarın. Duble çikolatalı çöreğinizin tadını çıkarın!

8.Glutensiz Brioche veya Chocolat

İÇİNDEKİLER:

TATLI HAMUR:
- 1¾ bardak (245g) Kim'in glutensiz ekmek unu karışımı
- ½ su bardağı (100 gr) toz şeker
- 1 çay kaşığı kabartma tozu
- 1 yemek kaşığı artı ¾ çay kaşığı (12g) hazır maya
- 1 yemek kaşığı (5g) bütün psyllium kabuğu (veya 1½ çay kaşığı psyllium kabuğu tozu)
- ½ çay kaşığı koşer tuzu
- ¾ bardak (180ml) tam yağlı süt
- 6 yemek kaşığı (85g) tereyağı, çok yumuşak veya eritilmiş
- 1 büyük yumurta, oda sıcaklığında

PASTA KREMASI:
- ½ bardak (120ml) tam yağlı süt
- ½ su bardağı (120ml) krema
- 3 büyük yumurta sarısı
- ¼ su bardağı (50 gr) toz şeker
- 2 yemek kaşığı (15g) mısır nişastası
- 1 çay kaşığı vanilya özü, vanilya çekirdeği ezmesi veya 1 vanilya çekirdeği, tohumları kazınmış
- 1 yemek kaşığı tereyağı, yumuşatılmış

TOPLANTI:
- 4 oz (113g) yarı tatlı veya bitter çikolata, kabaca doğranmış
- ¼-½ çay kaşığı öğütülmüş tarçın, isteğe bağlı

TALİMATLAR:
HAMUR YAPIN:
a) Tüm malzemeleri büyük bir karıştırma kabında birleştirin ve iyice birleşene kadar 5 dakika çırpın veya yoğurun.
b) Hamurun hacmi iki katına çıkana kadar 1-2 saat bekletin. Hamuru en az 6 saat, tercihen bir gece buzdolabında bekletin.

PASTA KREMASI YAPILIŞI:
c) Tam yağlı sütü ve ağır kremayı kaynayana kadar ısıtın. Yumurta sarısını, şekeri, mısır nişastasını ve vanilyayı koyulaşıp kurdele gibi oluncaya kadar çırpın.
ç) Yumurta sarısı karışımına yavaş yavaş süt karışımından bir miktar dökün ve kuvvetlice çırpın. Sütün geri kalanını yavaş yavaş ekleyin.

d) Karışımı tekrar tencereye alıp koyulaşana kadar sürekli karıştırarak pişirin.
e) Ateşten alın, tereyağını ve vanilyayı ekleyip çırpın. Kremaya temas eden plastik ambalajla soğutun.

RULOLARI MONTAJLAMAK İÇİN:

f) Hamuru iyice unlanmış bir yüzeyde pürüzsüz hale gelinceye kadar kısa bir süre yoğurun.
g) Yaklaşık ¼ inç kalınlığında 10x14 inçlik bir dikdörtgen şeklinde yuvarlayın.
ğ) Soğuyan pastacı kremasını hamurun üzerine yayın. Üzerine kıyılmış çikolata ve tarçın serpin (istenirse).
h) Sıkıca yuvarlayın, jöle rulosu tarzında. Günlüğü ortasından biraz daha uzatın.
ı) 8 eşit parçaya kesin. Çok yapışkansa 10 dakika dondurun.
i) Ruloları bir fırın tepsisine yerleştirin, üzerini kapatın ve 30 dakika ila bir saat kadar iki katına çıkana kadar mayalanmaya bırakın.
j) Fırını önceden 350°F'ye ısıtın.
k) Plastik ambalajı çıkarın ve yaklaşık 30 dakika veya altın kahverengi olana kadar pişirin.
l) Sıcak servis yapın. Glutensiz brioche au chocolat'ınızın tadını çıkarın!

9.Çikolatalı Brioche Chinois

İÇİNDEKİLER:
BROŞ HAMURU İÇİN:
- 375g un
- 8g tuz
- 40g şeker
- 15 gr taze fırıncı mayası
- 4 tam yumurta, oda sıcaklığında
- 190 gr tuzsuz tereyağı, yumuşatılmış
- 2 yemek kaşığı su, ılık

DOLGU İÇİN:
- 300 gr vanilya kremalı pasta
- 3cl koyu rom
- 150 gr bitter çikolata parçacıkları

SONUÇ İÇİN:
- 1 yumurta sarısı (sır için)
- Pudra şekeri

TALİMATLAR:
BROŞ HAMURUNUN YAPILIŞI:

a) Stand mikser alıcısında un, şeker ve tuzu birleştirin.
b) Mayayı ılık suyla seyreltin ve bir kenara koyun.
c) Yumurtaları unun ortasına yerleştirin ve hamur kancasıyla hamur oluşana kadar yoğurun.
ç) Kalan yumurtayı ekleyin ve hamur pürüzsüz hale gelinceye kadar yoğurun.
d) Yumuşatılmış tereyağını ve seyreltilmiş mayayı ekleyin, pürüzsüz hale gelinceye kadar yoğurun.
e) Hamurun hacmi iki katına çıkana kadar (1,5 ila 2 saat) kabarmasını bekleyin.
f) Hamuru en az 6 saat, tercihen bir gece buzdolabında bekletin.

PASTA KREMASI YAPILIŞI:

g) Tam yağlı sütü ve ağır kremayı kaynayana kadar ısıtın.
ğ) Yumurta sarısını, şekeri, mısır nişastasını ve vanilyayı koyulaşana kadar çırpın.
h) Yumurta sarısı karışımına yavaş yavaş süt karışımından bir miktar dökün ve kuvvetlice çırpın.
ı) Karışımı tekrar tencereye dökün, koyulaşana kadar sürekli çırpın.

i) Tereyağı ve vanilyayı çırpın, ardından kremaya temas eden plastik ambalajla soğutun.

BRIOCHE'Yİ MONTE EDİN:
j) Hamuru biri 200 gram, diğeri ise 600 gram olmak üzere iki parçaya bölün.
k) Küçük kısmı yuvarlak kek kalıbının tabanına gelecek şekilde açın.
l) Büyük kısmı dikdörtgen şeklinde açıp pastacı kremasını ve çikolata parçacıklarını yayın, ardından yuvarlayın.
m) Ruloyu 7 eşit parçaya bölüp kek kalıbına dizin.
n) Rulolar kalıbı doldurana kadar provaya izin verin.
o) Yüzeye yumurta sarısı sürün ve 180°C'de yaklaşık 25 dakika pişirin.
ö) Soğuyunca üzerine pudra şekeri serpin.

BAHARATLI BROŞ

10.Vanilyalı çörek

İÇİNDEKİLER:

- 3 Zarf aktif kuru maya
- ½ bardak ılık süt (yaklaşık 110 Derece)
- 1 Vanilya çekirdeği, bölünmüş
- 5 su bardağı Un
- 6 Yumurta
- ½ su bardağı ılık su (110 derece)
- 3 yemek kaşığı Şeker
- 2 çay kaşığı Tuz
- 3 Çubuk artı 2 yemek kaşığı
- Tereyağı, oda sıcaklığı
- 1 Yumurta sarısı, çırpılmış

TALİMATLAR:

a) Fırını önceden 400 derece F'ye ısıtın. Mayayı ve sütü küçük bir kasede birleştirin ve mayayı çözmek için karıştırın.

b) 1 su bardağı un ekleyin ve iyice karışması için karıştırın. Bir bıçak kullanarak vanilya çekirdeğini kazıyın ve posayı maya karışımına karıştırın.

c) Fermantasyona izin vermek için oda sıcaklığında, sıcak, hava akımı olmayan bir yerde yaklaşık 2 saat bekletin.

ç) Geniş bir karıştırma kabına 2 su bardağı unu koyun. 4 yumurtayı teker teker ekleyin ve her eklemede bir tahta kaşık kullanarak iyice unun içine çırpın. Hamur yapışkan, kalın ve süngerimsi olacaktır.

d) Suyu, şekeri ve tuzu ekleyin ve kuvvetlice çırparak iyice karıştırın. 3 parça tereyağını ekleyin ve iyice karışana kadar elinizle hamurun içine yedirin. Kalan 2 yumurtayı da ekleyip iyice karıştırın. Kalan 2 su bardağı unu ekleyin ve hamurun içine karıştırın, topakları parmaklarınızla kırın. Mayalı karışımı ekleyin.

e) Ellerinizi kullanarak yoğurun ve başlangıç malzemesini hamurun içine katlayın. Hepsi iyice karışıncaya kadar yaklaşık 5 dakika yoğurmaya ve katlamaya devam edin. Hamur yapışkan ve nemli olacak. Temiz bir bezle örtün ve ılık, hava akımı olmayan bir yerde, boyutu iki katına çıkana kadar yaklaşık 2 saat mayalanmaya bırakın.

f) Somun yapmak için, kalan 2 yemek kaşığı tereyağıyla iki adet 9x5x3 inçlik somun tavasını hafifçe yağlayın. Rulo yapmak için 12 adet standart boy muffin kabını yağlayın. Parmaklarınızla hamuru hafifçe bastırın. Hamuru 2 eşit parçaya bölüp kalıplara dizin.
g) Rulo için hamuru 12 eşit parçaya bölüp muffin kalıplarına yerleştirin. Üstlerini yumurta sarısı ile yağlayın. Üzerini örtün ve sıcak, hava akımı olmayan bir yerde, boyutu iki katına çıkana kadar yaklaşık 1 saat mayalanmaya bırakın.
ğ) Somunları 25 ila 30 dakika, ruloları ise 20 dakika veya altın rengi kahverengi olana kadar pişirin. Tavaları fırından çıkarın ve tel rafların üzerinde soğutun. Somunları veya ruloları tavalardan çıkarın ve tel ızgara üzerinde tamamen soğutun.

11.Tarçınlı çörek

İÇİNDEKİLER:

- 1 paket Kuru maya
- 1 yemek kaşığı Şeker
- ¼ bardak ılık süt
- 2 bardak un
- 1 çay kaşığı Tuz
- ¼ bardak Dondurulmuş tereyağı, parçalar halinde kesilmiş
- 2 yumurta
- 2 yemek kaşığı Eritilmiş tereyağı
- 2 yemek kaşığı şeker ile karıştırılmış
- 2 çay kaşığı Tarçın

TALİMATLAR:

a) Örneğin tarçın şekerinin üzerine kuru üzüm serpin. Veya açtığınız hamurun üzerine çikolata parçacıkları serpin, aynı şekilde katlayın ve ortaya güzel bir pain au chocolat elde edeceksiniz. Veya hamuru herhangi bir meyve reçeli ile yayın ... resmi elde edersiniz.

b) Maya, şeker ve sütü küçük bir kapta birleştirin. Kanıtlamak için bir kenara koyun.

c) Mutfak robotunda un, tuz ve tereyağını birleştirin ve tereyağını ince bir şekilde kesmek için nabız atın. Maya karışımını ekleyin ve tekrar nabız atın, ardından yumurtaları ekleyin ve hamur, çalışma kabının kenarlarından temiz bir şekilde uzaklaşan ve bıçağın üzerinde dolaşan bir top halinde toplanana kadar işlem yapın. 1 dakika işlem yapın. Daha sonra topu hafifçe unlanmış tahtaya çıkarın ve pürüzsüz hale gelinceye kadar 1-2 dakika yoğurun.

ç) Hamuru pürüzsüz bir top haline getirin ve hafifçe yağlanmış bir kaseye yerleştirin, topun her tarafını kaplayacak şekilde çevirin. Plastik ambalajla gevşek bir şekilde örtün. Kütle olarak iki katına çıkana kadar, yaklaşık 1½ ila 2 saat kadar ılık bir yerde bekletin.

d) Alternatif olarak, yoğrulmuş hamur topunu hafifçe kapatılmış plastik bir gıda torbasına koyun ve gece boyunca buzdolabında saklayın. Hamur, plastik gıda torbasında yavaşça kabaracaktır ve açmadan önce oda sıcaklığına getirilmesi yeterlidir.

e) Yükseldiğinde, hamuru yumruklayın ve dikdörtgen şeklinde düzleştirin. Hafifçe unlanmış tezgahta ½ inç kalınlığa kadar açın. Hamur kare ise ikiye bölün. Üst yüzeyi eritilmiş tereyağıyla fırçalayın ve üzerine tarçın şekeri serpin. Hamur dikdörtgeninin uzun kenarını hamurun üzerine ⅔ oranında katlayın.

f) Kalan hamurun ⅓'ünü harfteki gibi katlayın. Üstüne tereyağı sürün ve tekrar tarçın şekeri serpin. 2 inç genişliğinde kesitler halinde kesin, yağlanmamış fırın tepsisine aktarın. 15-20 dakika kadar kabarıncaya kadar tekrar kabarmaya bırakın.

g) 350'F'de pişirin. Açık kahverengi olana kadar 20-30 dakika.

12.Şili biberli çörek

İÇİNDEKİLER:

- 3½ bardak Çok amaçlı un
- 1 paket aktif kuru maya
- ½ çay kaşığı öğütülmüş kurutulmuş kırmızı biber
- 1 yemek kaşığı Ilık su
- 1½ yemek kaşığı Şeker
- 1½ çay kaşığı Tuz
- ½ çay kaşığı Taze çekilmiş karabiber
- ¼ bardak Kırmızı dolmalık biber; öğütülmüş, kıyılmış, kavrulmuş ve soyulmuş, oda sıcaklığında
- ½ pound Tuzsuz yumuşatılmış tereyağı; küçük parçalar halinde kesin, ayrıca
- 2 yemek kaşığı Tuzsuz yumuşatılmış tereyağı
- ⅓ bardak Kıyılmış; oda sıcaklığında kavrulmuş ve taze soyulmuş poblano biberleri
- 5 Yumurta oda sıcaklığında
- 2 yemek kaşığı Süt

TALİMATLAR:

a) Kürek aparatlı bir elektrikli karıştırıcının kasesinde un, şeker, maya, tuz, öğütülmüş kırmızı biber ve karabiberi birleştirin; iyi dövün. Düşük hızda kısa süre karıştırın. Hızı orta seviyeye yükseltin ve su, süt, poblano biberi ve dolmalık biber ekleyin; iyi dövün.

b) Yumurtaları teker teker ekleyin ve her eklemeden sonra iyice karıştırın. Hamur kancasını değiştirin ve üç dakika yoğurun.

c) Hamur çok yapışkan olacak. Tereyağını hamura birer birer ekleyin ve hamur pürüzsüz ve parlak hale gelinceye ve tereyağı tamamen birleşene kadar 10-20 dakika yoğurmaya devam edin. Hamuru hafifçe tereyağlanmış bir kaseye aktarın ve hamuru eşit şekilde tereyağıyla kaplayacak şekilde çevirin.

ç) Kaseyi plastik ambalajla örtün ve hamurun sıcak bir yerde hacmi iki katına çıkana kadar yaklaşık üç saat kadar yükselmesine izin verin. Hamuru yumruklayın ve hafifçe unlanmış bir yüzeye çevirin.

d) Çok unlu ellerle beş dakika yoğurun. Tereyağlı bir kaseye dönün ve hamuru eşit şekilde kaplayacak şekilde çevirin;

Hamuru örtün ve buzdolabında en az altı saat veya gece boyunca soğutun.
e) Hamuru buzdolabından çıkarın ve soğuk hamura iki küçük somun şekli verin.
f) İki adet tereyağlı 4x9 inçlik somun tavasına yerleştirin, kurulama beziyle örtün ve hamur somun tavalarını doldurana ve hafifçe bastırıldığında geri esneyene kadar, yaklaşık bir saat kadar sıcak bir yerde kabarmaya bırakın. Fırını 375 dereceye kadar önceden ısıtın.
g) Somunları fırının ortasında, altın rengi olana ve dokunulduğunda içi boş çıkana kadar yaklaşık 30 dakika pişirin.
ğ) Somunları fırından çıkarın ve soğuması için tel ızgaraların üzerine çıkarın.

13.Cehri Lorlu Baharatlı Brioche

İÇİNDEKİLER:
- 1/2 börek ekmeği
- 125 gr pudra şekeri
- 25 gr öğütülmüş kakule
- 20 gr öğütülmüş tarçın
- 5 gr öğütülmüş hindistan cevizi
- 2 yemek kaşığı kolza yağı
- Cehri Lor:
- 35ml deniz topalak suyu
- 185 gr pudra şekeri
- 1 yumurta
- 55 gr tuzlu tereyağı
- 10g mısır unu

TALİMATLAR:
a) Deniz topalak suyunu 100 gr şekerle 30 dakika bekletin.
b) Cehri karışımını soğuk bir tavada kalan malzemelerle birleştirin ve orta ateşte 6 dakika boyunca çırpın.
c) Ateşten alın, bir dakika daha çırpın.
ç) Sıcaklığın 80-85°C arasında olduğundan emin olun ve kabuk oluşumunu önlemek için kapağı kapalı olarak soğutun.
d) Fırını 180°C/gaz işareti 4'e önceden ısıtın.
e) Brioche somununu dilimleyin ve her biri 4 x 4 cm ölçülerinde 8 küp kesin.
f) Baharatlı börek malzemelerinin tamamını (börek hariç) iyice karıştırın.
g) Brioche küplerini az miktarda kolza yağında her iki tarafı da altın rengi olana kadar kızartın.
ğ) Küpleri baharatlı şeker karışımında yuvarlayın.
h) Bir fırın tepsisine yerleştirin ve 10-15 dakika veya üzeri kızarana kadar pişirin.
ı) Sıcak baharatlı börek küplerini, daldırma için hazırlanmış cehri lorun küçük bir kasesiyle birlikte servis edin.

14.Baharatlı Brioche Acılı Çörekler

İÇİNDEKİLER:
HAMUR
- 600 g sade un artı yoğurma için daha fazlası
- 75 gr pudra şekeri
- 1 çay kaşığı tuz
- 7 gr kolay fırında hazır maya
- 2 çay kaşığı öğütülmüş tarçın
- 1/2 çay kaşığı öğütülmüş yenibahar
- 1/2 çay kaşığı öğütülmüş zencefil
- 1/4 çay kaşığı öğütülmüş hindistan cevizi
- 125 ml tam veya yarım yağlı süt
- 4 büyük yumurta çırpılmış
- 150 gr kuru üzüm
- 175 gr tuzsuz tereyağı oda sıcaklığında
- 80 gr karışık kabuklu
- 2 portakal – kabuğu rendesi

GEÇMEK
- 100 gr sade un
- 90 ml su

SIR
- 2 yemek kaşığı pudra şekeri
- 2 yemek kaşığı kaynamış su

TALİMATLAR:
HAMUR İÇİN:
a) Unu, şekeri, tuzu, mayayı ve baharatları geniş bir kaseye koyun ve birleşene kadar silikon bir spatula ile karıştırın. Daha sonra ortasını havuz şeklinde açıp sütü ve çırpılmış yumurtaları dökün. Sert bir hamur oluşana kadar spatulayla karıştırın. Daha sonra çalışma yüzeyinizi unlayın ve hamuru kaseden alıp pürüzsüz bir hamur elde edinceye kadar 5 dakika yoğurun. Daha sonra beş dakika dinlenmeye bırakın.

b) Bu arada kuru üzümleri ısıya dayanıklı küçük bir kaseye koyun ve üzerini kaynar suyla doldurun. Sonra bir kenara koyun.

c) Tereyağının tamamen birleşmesi için her seferinde bir çorba kaşığı tereyağını hamura ekleyin ve ilerledikçe yoğurun. Hamur çok yapışkan olacağından çalışma yüzeyinizi birkaç kez yeniden unlamanız gerekecektir. (Hamur kazıyıcınız varsa bu da hamurun manevra yapmasına yardımcı olacaktır.) Bu işlem yaklaşık 10-15 dakika sürmelidir.

ç) Tereyağın tamamı birleştirildikten sonra, hamur pürüzsüz ve esnek hale gelinceye ve artık yapışkan olmayana kadar 10 dakika daha hamuru yoğurmaya devam edin.

d) Kuru üzümleri iyice süzün, ardından karışık kabuğu ve portakal kabuğu rendesini karıştırın. Daha sonra hamuru hafifçe düzleştirin ve meyvelerin üzerine dağıtın. Meyveleri iyice birleştirmek için hamuru biraz yoğurun; hamur hafif ıslak olacaktır. Geniş bir kaseyi hafifçe yağlayın, hamuru içine yerleştirin ve üzerini streç filmle kapatın. Hamur iki katına çıkana kadar ılık bir yerde en az bir saat mayalanmaya bırakın.

e) Mayalanan hamurunuzu hafifçe unlanmış bir çalışma yüzeyine dökün ve havanın çıkması için hafifçe geriye doğru vurun. Daha sonra 12 eşit parçaya bölün ve top haline getirin. Topları, büyümek için biraz yer bırakacak şekilde astarlı bir fırın tepsisine yerleştirin. Daha sonra ılık bir yerde kabarana kadar 45 dakika mayalanmaya bırakın. Bu arada fırını 220C/200C Fan/Gas Mark 7'ye önceden ısıtın.

HAÇLAR İÇİN:

f) Çörekler kabarırken, un ve suyu küçük bir kapta iyice birleşene kadar birleştirerek macun yapın. Daha sonra sıkma torbasına koyun ve orta boy bir delik oluşturacak şekilde ucunu kesin.

g) Çörekler kabardıktan sonra, her çörek boyunca dikey ve yatay çizgiler çizin. Daha sonra altın rengi kahverengi olana kadar 20 dakika pişirin.

GLAZÜR İÇİN:

ğ) Çöreklerin pişmesi neredeyse bittiğinde, kaynar su ve şekeri küçük bir kasede birleştirin.

h) Çörekleri fırından çıkarın, ardından sıcakken bir hamur fırçası kullanarak sırın üzerine fırçalayın.

ı) Daha sonra soğutma teli üzerinde soğumaya bırakın.

15. Chai Baharatlı Brioche Somunu

İÇİNDEKİLER:
BÖREK İÇİN:
- 250 ml (1 su bardağı) süt
- 1 1/2 yemek kaşığı gevşek yapraklı chai çayı
- 6 adet kakule kabuğu, çürük
- 1 tarçın çubuğu
- 2 yıldız anason
- 2 çay kaşığı ince rendelenmiş portakal kabuğu
- 7g poşet kurutulmuş maya
- 70 gr (1/3 su bardağı) ham pudra şekeri
- 2 yumurta
- 400 gr (2 2/3 su bardağı) sade ekmek unu
- 100 gr tereyağı, oda sıcaklığında, 1 cm'lik parçalar halinde kesilmiş

DOLGU İÇİN:
- 150 gr antep fıstığı, hafifçe kızartılmış
- 150 gr tereyağı, oda sıcaklığında
- 70 gr (1/3 su bardağı) ham pudra şekeri
- 55g (1/4 bardak) sıkıca paketlenmiş kahverengi şeker
- 80 gr sade un
- 2 çay kaşığı öğütülmüş zencefil
- 2 çay kaşığı öğütülmüş tarçın
- 1/4 çay kaşığı öğütülmüş kakule
- 1/4 çay kaşığı öğütülmüş karanfil
- 1 yemek kaşığı haşhaş tohumu

GLAZÜR İÇİN:
- 2 yemek kaşığı çiğ pudra şekeri
- 2 yemek kaşığı su
- 2 çay kaşığı gevşek yapraklı chai çayı

TALİMATLAR:
CHAI-FÜZELENMİŞ SÜT:
a) Süt, chai çayı, kakule, tarçın, yıldız anason ve portakal kabuğunu bir tencerede birleştirin.
b) Kaynatın, ardından 2 dakika pişirin. Demlenmesi ve hafifçe soğuması için 15 dakika bekletin. Süzgeçten geçirerek sürahiye boşaltın.

MAYA KARIŞIMI:

c) Süt karışımına maya ve 1 yemek kaşığı şekeri çırpın.
ç) Köpürene kadar 10 dakika bekletin. Yumurtayı karıştırın.

BROŞ HAMURU:
d) Unu ve kalan şekeri birleşene kadar işleyin.
e) Süt karışımını ekleyin ve hamur bir araya gelinceye kadar işlem yapın.
f) Motor çalışırken, yumuşak, yapışkan bir hamur oluşana kadar yavaş yavaş tereyağı ekleyin.
g) Hamuru unlu bir yüzeye alıp pürüzsüz hale gelinceye kadar yoğurun ve hacmi iki katına çıkana kadar 1 saat kadar mayalanmaya bırakın.

DOLGU:
ğ) Antep fıstıklarını ince kıyılana kadar işleyin.
h) Tereyağı, şeker, un, zencefil, tarçın, kakule ve karanfil ekleyin. Birleştirilene kadar işlem yapın.

MONTAJ VE TANITMA:
ı) Hamuru 50cm x 30cm dikdörtgen şeklinde açın.
i) Dolguyu yayın ve üzerine haşhaş tohumu serpin.
j) Bir kütük haline getirin, uzunlamasına ikiye bölün ve bir büküm efekti için çapraz yarıya bölün.
k) Yağlanmış bir kek kalıbına yerleştirin, üzerini örtün ve 45 dakika mayalandırın.

PİŞİRME:
l) Fırını fanlı 180C/160C'ye önceden ısıtın.
m) 55 dakika ila 1 saat kadar veya altın rengi oluncaya ve kürdan temiz çıkana kadar pişirin.

CHAI GLAZE:
n) Bir tencerede şekeri, suyu ve chai çayını birleştirin. Şeker eriyene ve karışım hafifçe koyulaşana kadar pişirin.
o) Sıcak somunu chai sırıyla fırçalayın.
ö) Sıcak servis yapmadan önce 15 dakika boyunca tavada hafifçe soğumasını bekleyin.

16. Şeker ve Baharatlı Brioche

İÇİNDEKİLER:
BROŞ HAMURU İÇİN:
- 2 1/4 bardak (315g) çok amaçlı un
- 2 1/4 su bardağı (340g) ekmek unu
- 1 1/2 paket (3 1/4 çay kaşığı) aktif kuru maya
- 1/2 su bardağı artı 1 yemek kaşığı (82g) şeker
- 1 yemek kaşığı tuz
- 1/2 su bardağı (120 gr) soğuk su
- 5 büyük yumurta
- 1 bardak artı 6 yemek kaşığı (2 3/4 çubuk/310g) oda sıcaklığında tuzsuz tereyağı, yaklaşık 12 parçaya bölünmüş

ÜSTÜ İÇİN:
- 1/2 su bardağı (100 gr) şeker
- 1/2 çay kaşığı öğütülmüş tarçın
- 1/4 çay kaşığı öğütülmüş zencefil
- 1/4 çay kaşığı öğütülmüş hindistan cevizi
- Öğütülmüş karanfilleri sıkıştırın
- Tutam tuzu
- 1/4 bardak (56g) tuzsuz tereyağı, eritilmiş

TALİMATLAR:
BROŞ HAMURU İÇİN:
a) Hamur kancası takılı bir stand mikserinde çok amaçlı un, ekmek unu, maya, şeker, tuz, su ve yumurtaları birleştirin.
b) Malzemeler bir araya gelinceye kadar düşük hızda 3 ila 4 dakika çırpın.
c) 3 ila 4 dakika daha düşük hızda çırpmaya devam edin; hamur sert ve kuru olacaktır.
ç) Düşük hızda, tereyağını birer birer ekleyin ve bir sonrakini eklemeden önce her bir parçanın tamamen karıştığından emin olun.
d) Düşük hızda yaklaşık 10 dakika karıştırın, ara sıra kasenin kenarlarını ve altını kazıyın.
e) Hızı orta seviyeye yükseltin; Hamur yapışkan, yumuşak ve parlak oluncaya kadar 15 dakika çırpın.
f) Hızı orta-yüksek seviyeye yükseltin; Hamur elastik hale gelinceye kadar yaklaşık 1 dakika çırpın.

g) Hamuru yağlanmış büyük bir kaseye koyun, üzerini streç filmle örtün ve buzdolabında en az 6 saat veya bir gece bekletin. Hamur bu noktada 1 haftaya kadar dondurulabilir.

BROŞE ÇÖREKLERİ İÇİN:

ğ) Çörekler yapmaya hazır olduğunuzda hamurun yarısını çıkarın.

h) 12 fincanlık standart muffin kalıbının 10 fincanını kağıt astarlarla veya tereyağı ve cömertçe unla kaplayın.

ı) Unlu bir yüzeyde hamuru 10 inç x 5 inçlik bir dikdörtgene bastırın.

i) Hamuru 10 eşit 1 inç x 5 inçlik şeritler halinde kesin, ardından her şeridi 5 parçaya bölerek 50 kare elde edin.

j) Her muffin kabına 5 kare yerleştirin, plastik ambalajla örtün ve kabarık ve yumuşak oluncaya kadar yaklaşık 1 1/2 saat boyunca ılık bir yerde yükselmesine izin verin.

k) Fırını 350°F'ye önceden ısıtın; Altın kahverengi olana kadar 25 ila 35 dakika pişirin.

l) Çörekleri tel raf üzerinde 5 ila 10 dakika soğumaya bırakın.

ÜSTÜ İÇİN:

m) Şekeri, baharatları ve tuzu küçük bir kapta birleştirin.

n) Çöreklerin üstlerini eritilmiş tereyağıyla fırçalayın ve eşit şekilde kaplamak için şeker karışımında yuvarlayın.

o) Çörekler en iyi şekilde pişirildikten sonraki 4 saat içinde servis edilir. Hava geçirmez bir kapta 1 güne kadar saklanabilir, ardından 300°F'lik fırında 5 dakika yeniden ısıtılabilir.

17.Zerdeçal Baharatlı Brioche Çörekler

İÇİNDEKİLER:
BROŞ HAMURU İÇİN:
- 2 1/4 bardak (315g) çok amaçlı un
- 2 1/4 su bardağı (340g) ekmek unu
- 1 1/2 paket (3 1/4 çay kaşığı) aktif kuru maya
- 1/2 su bardağı artı 1 yemek kaşığı (82g) şeker
- 1 yemek kaşığı tuz
- 1/2 su bardağı (120 gr) soğuk su
- 5 büyük yumurta
- 1 bardak artı 6 yemek kaşığı (2 3/4 çubuk/310g) oda sıcaklığında tuzsuz tereyağı, yaklaşık 12 parçaya bölünmüş
- 1 1/2 çay kaşığı öğütülmüş zerdeçal (canlı renk ve hafif baharat için)

ÜSTÜ İÇİN:
- 1/2 su bardağı (100 gr) şeker
- 1/2 çay kaşığı öğütülmüş tarçın
- 1/4 çay kaşığı öğütülmüş zencefil
- 1/4 çay kaşığı öğütülmüş hindistan cevizi
- Öğütülmüş karanfilleri sıkıştırın
- Tutam tuzu
- 1/4 bardak (56g) tuzsuz tereyağı, eritilmiş

TALİMATLAR:
BROŞ HAMURU İÇİN:
a) Hamur kancası takılı bir stand mikserinde çok amaçlı un, ekmek unu, maya, şeker, tuz, su, yumurta ve öğütülmüş zerdeçalı birleştirin.
b) Malzemeler bir araya gelinceye kadar düşük hızda 3 ila 4 dakika çırpın.
c) 3 ila 4 dakika daha düşük hızda çırpmaya devam edin; hamur sert ve kuru olacaktır.
ç) Düşük hızda, tereyağını birer birer ekleyin ve bir sonrakini eklemeden önce her bir parçanın tamamen karıştığından emin olun.
d) Düşük hızda yaklaşık 10 dakika karıştırın, ara sıra kasenin kenarlarını ve altını kazıyın.
e) Hızı orta seviyeye yükseltin; Hamur yapışkan, yumuşak ve parlak oluncaya kadar 15 dakika çırpın.

f) Hızı orta-yüksek seviyeye yükseltin; Hamur elastik hale gelinceye kadar yaklaşık 1 dakika çırpın.
g) Hamuru yağlanmış büyük bir kaseye koyun, üzerini streç filmle örtün ve buzdolabında en az 6 saat veya bir gece bekletin. Hamur bu noktada 1 haftaya kadar dondurulabilir.

BROŞE ÇÖREKLERİ İÇİN:
ğ) Çörekler yapmaya hazır olduğunuzda zerdeçal baharatlı hamurun yarısını çıkarın.
h) 12 fincanlık standart muffin kalıbının 10 fincanını kağıt astarlarla veya tereyağı ve cömertçe unla kaplayın.
ı) Unlu bir yüzeyde hamuru 10 inç x 5 inçlik bir dikdörtgene bastırın.
i) Hamuru 10 eşit 1 inç x 5 inçlik şeritler halinde kesin, ardından her şeridi 5 parçaya bölerek 50 kare elde edin.
j) Her muffin kabına 5 kare yerleştirin, plastik ambalajla örtün ve kabarık ve yumuşak oluncaya kadar yaklaşık 1 1/2 saat boyunca ılık bir yerde yükselmesine izin verin.
k) Fırını 350°F'ye önceden ısıtın; Altın kahverengi olana kadar 25 ila 35 dakika pişirin.
l) Çörekleri tel raf üzerinde 5 ila 10 dakika soğumaya bırakın.
m) Şekeri, baharatları ve tuzu küçük bir kapta birleştirin.
n) Çöreklerin üstlerini eritilmiş tereyağıyla fırçalayın ve eşit şekilde kaplamak için şeker karışımında yuvarlayın.

18.Tarçınlı Şeker Girdap Brioche

İÇİNDEKİLER:

- 3 1/4 bardak çok amaçlı un
- 1/4 su bardağı toz şeker
- 1 çay kaşığı tuz
- 1 paket aktif kuru maya
- 1/2 su bardağı ılık süt
- 3 büyük yumurta
- 1 su bardağı tuzsuz tereyağı, yumuşatılmış
- 1/2 su bardağı esmer şeker
- 2 yemek kaşığı öğütülmüş tarçın

TALİMATLAR:

a) Bir kapta ılık süt ve mayayı birleştirin. Köpürene kadar 5 dakika bekletin.
b) Büyük bir kapta un, toz şeker ve tuzu karıştırın. Maya karışımını ve yumurtaları ekleyin, pürüzsüz hale gelinceye kadar yoğurun.
c) Yumuşatılmış tereyağını ekleyin ve hamur elastik oluncaya kadar yoğurun.
ç) Üzerini örtüp iki katına çıkana kadar mayalanmaya bırakın.
d) Hamuru açın, esmer şekeri ve tarçını serpin, ardından kütük şeklinde yuvarlayın.
e) Parçalara bölün, yağlanmış bir tavaya koyun ve tekrar yükselmesine izin verin.
f) 175°C (350°F) sıcaklıkta 25-30 dakika pişirin.

19.Hindistan Cevizi Üzümlü Brioche Ruloları

İÇİNDEKİLER:
- 4 su bardağı ekmek unu
- 1/4 su bardağı şeker
- 1 çay kaşığı tuz
- 1 paket ınstant maya
- 1 bardak ılık süt
- 3 büyük yumurta
- 1/2 su bardağı tuzsuz tereyağı
- 1/2 bardak kuru üzüm
- 1 çay kaşığı öğütülmüş hindistan cevizi

TALİMATLAR:
a) Un, şeker ve tuzu bir kapta birleştirin.
b) Ilık süt ve mayayı karıştırıp 10 dakika bekletin.
c) Un karışımına yumurta, yumuşatılmış tereyağı, hindistan cevizi ve kuru üzüm ekleyin.
ç) Pürüzsüz olana kadar yoğurun, ikiye katlanana kadar kabarmasını bekleyin.
d) Rulo haline getirin, fırın tepsisine yerleştirin ve tekrar kabarmaya bırakın.
e) 190°C (375°F) sıcaklıkta 20-25 dakika pişirin.

20.Kakule Portakallı Twist Brioche

İÇİNDEKİLER:

- 3 1/2 bardak çok amaçlı un
- 1/4 su bardağı şeker
- 1 çay kaşığı tuz
- 1 paket aktif kuru maya
- 1 bardak ılık süt
- 3 büyük yumurta
- 1/2 su bardağı tuzsuz tereyağı
- 1 portakalın kabuğu rendesi
- 1 yemek kaşığı öğütülmüş kakule

TALİMATLAR:

a) Ilık süt ve mayayı karıştırıp köpürtün.
b) Un, şeker ve tuzu birleştirin. Maya karışımı, yumurta, tereyağı, kakule ve portakal kabuğu rendesini ekleyin. Pürüzsüz olana kadar yoğurun.
c) Mayalanmaya bırakın, sonra hamuru bölüp şekillendirin.
ç) Her bir parçayı çevirerek yağlanmış tepsiye dizin.
d) Tekrar kabarmaya bırakın, ardından 350°F (175°C) sıcaklıkta 30 dakika pişirin.

21.Zencefilli Kurabiye Somun

İÇİNDEKİLER:
- 4 su bardağı ekmek unu
- 1/3 su bardağı esmer şeker
- 1 çay kaşığı tuz
- 1 paket ınstant maya
- 1 bardak ılık süt
- 3 büyük yumurta
- 1/2 su bardağı tuzsuz tereyağı
- 1/4 su bardağı pekmez
- 1 yemek kaşığı öğütülmüş zencefil
- 1 çay kaşığı öğütülmüş tarçın

TALİMATLAR:
a) Mayayı ılık sütte eritin, 5 dakika bekletin.
b) Unu, esmer şekeri, tuzu, zencefili ve tarçını karıştırın.
c) Maya karışımını, yumurtaları, yumuşatılmış tereyağını ve pekmezi ekleyin. Pürüzsüz olana kadar yoğurun.
ç) Yükselsin, somun şekli verin ve yağlanmış bir tavaya koyun.
d) Tekrar kabarmaya bırakın ve ardından 190°C'de (375°F) 35-40 dakika pişirin.

22.Balkabaklı Baharatlı Brioche Düğümleri

İÇİNDEKİLER:
- 3 1/2 bardak çok amaçlı un
- 1/4 su bardağı şeker
- 1 çay kaşığı tuz
- 1 paket aktif kuru maya
- 1/2 su bardağı ılık süt
- 3 büyük yumurta
- 1/2 bardak tuzsuz tereyağı, yumuşatılmış
- 1/2 su bardağı kabak püresi
- 1 çay kaşığı öğütülmüş tarçın
- 1/2 çay kaşığı öğütülmüş hindistan cevizi

TALİMATLAR:
a) Ilık süt ve mayayı karıştırıp mayalanmasını sağlayın.
b) Un, şeker, tuz, tarçın ve hindistan cevizini birleştirin.
c) Maya karışımını, yumurtaları, yumuşatılmış tereyağını ve kabak püresini ekleyin. Pürüzsüz olana kadar yoğurun.
ç) Yükselmesine izin verin, düğüm haline getirin ve bir fırın tepsisine yerleştirin.
d) Tekrar kabarmasını bekleyin ve ardından 175°C (350°F) sıcaklıkta 25-30 dakika pişirin.

23. Chai Baharatlı Brioche Swirls

İÇİNDEKİLER:
- 4 su bardağı ekmek unu
- 1/4 su bardağı şeker
- 1 çay kaşığı tuz
- 1 paket instant maya
- 1 bardak ılık chai çayı (demlenmiş ve soğutulmuş)
- 3 büyük yumurta
- 1/2 su bardağı tuzsuz tereyağı, eritilmiş
- 1 yemek kaşığı öğütülmüş tarçın
- 1/2 çay kaşığı öğütülmüş kakule

TALİMATLAR:
a) Chai çayını demleyin ve soğumaya bırakın. Mayayla karıştırıp 10 dakika bekletin.
b) Un, şeker, tuz, tarçın ve kakuleyi birleştirin.
c) Chai karışımını, yumurtaları ve eritilmiş tereyağını ekleyin. Pürüzsüz olana kadar yoğurun.
ç) Yükselmesine izin verin, açın ve daha fazla tarçın ve kakule sürün.
d) Bir kütük haline getirin, kıvrımlar halinde kesin, bir tavaya koyun ve tekrar kabarmaya bırakın.
e) 190°C (375°F) sıcaklıkta 20-25 dakika pişirin.

24.Elma Elmalı Brioche Muffinler

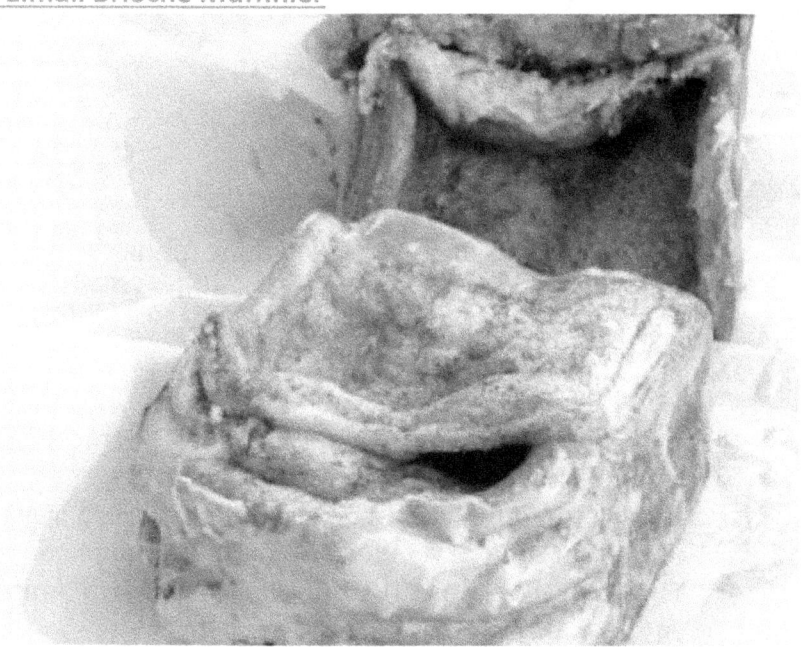

İÇİNDEKİLER:
- 3 1/4 bardak çok amaçlı un
- 1/4 su bardağı şeker
- 1 çay kaşığı tuz
- 1 paket aktif kuru maya
- 1/2 bardak ılık elma şarabı
- 3 büyük yumurta
- 1/2 bardak tuzsuz tereyağı, yumuşatılmış
- 2 su bardağı doğranmış elma (soyulmuş)
- 1 çay kaşığı öğütülmüş tarçın

TALİMATLAR:
a) Ilık elma şarabı ve mayayı karıştırıp köpürmesini sağlayın.
b) Un, şeker, tuz ve tarçını birleştirin.
c) Maya karışımını, yumurtaları, yumuşatılmış tereyağını ve doğranmış elmaları ekleyin. Pürüzsüz olana kadar yoğurun.
ç) Yükselmesine izin verin, muffin şekli verin ve muffin kaplarına yerleştirin.
d) Tekrar yükselmesine izin verin ve ardından 175°C'de (350°F) 20-25 dakika pişirin.

25.Vanilyalı Kakuleli Brioche Çelengi

İÇİNDEKİLER:

- 4 su bardağı ekmek unu
- 1/3 su bardağı şeker
- 1 çay kaşığı tuz
- 1 paket ınstant maya
- 1 bardak ılık süt
- 3 büyük yumurta
- 1/2 su bardağı tuzsuz tereyağı, eritilmiş
- 1 yemek kaşığı vanilya özü
- 1 çay kaşığı öğütülmüş kakule

TALİMATLAR:

a) Ilık süt ve mayayı karıştırıp 5 dakika bekletin.
b) Un, şeker, tuz ve kakuleyi birleştirin.
c) Maya karışımını, yumurtaları, eritilmiş tereyağını ve vanilya özütünü ekleyin. Pürüzsüz olana kadar yoğurun.
ç) Yükselmesine izin verin, yuvarlayın, çelenk şekli verin ve bir fırın tepsisine yerleştirin.
d) Tekrar kabarmaya bırakın ve ardından 190°C'de (375°F) 30-35 dakika pişirin.

BÖLGESEL BROŞ

26.Klasik Fransız Brioche

İÇİNDEKİLER:

- ¼ bardak tam yağlı süt
- 2 çay kaşığı anlık maya
- 4 büyük yumurta, bölünmüş
- 2⅔ su bardağı ekmek unu (veya T55 unu)
- 3 yemek kaşığı toz şeker
- 2 çay kaşığı koşer tuzu
- ⅔ bardak oda sıcaklığında (65 ila 70°F) tuzsuz tereyağı, ayrıca yağlama için daha fazlası

TALİMATLAR:

a) Hamuru hazırlayın: Orta boy bir kapta sütü, mayayı ve 3 yumurtayı hafifçe karıştırın. Unu, şekeri ve tuzu ekleyip yumuşak bir hamur elde edene kadar karıştırın. Hamuru temiz bir tezgahın üzerine çevirin ve pürüzsüz hale gelinceye kadar 6 ila 8 dakika yoğurun (veya bir stand mikserine aktarın ve düşük hızda 4 ila 5 dakika yoğurun).

b) Hamuru kaseye geri koyun ve elle veya hamur kancasıyla tereyağını azar azar ekleyerek karıştırın ve tereyağı iyice karışıncaya kadar yoğurmaya devam edin.

c) Bir havluyla örtün ve oda sıcaklığında 1 ila 1½ saat bekletin. Hamurun boyutu ikiye katlanmalıdır. (Bu süre mutfağınızın sıcaklığına göre değişiklik gösterecektir.)

ŞEKİLLENDİRİN VE PİŞİRİN:

ç) Şekil vermeden önce kaseyi en az 2 saat buzdolabına aktarın. Hamur ne kadar soğuk olursa, çalışmak o kadar kolay ve daha az yapışkan olur.

d) Hamur soğuduktan sonra, varsa bir terazi kullanarak, bir tezgah kazıyıcı kullanarak 6 eşit parçaya eşit olarak bölün.

e) Her parçanın üstüne hafifçe un serpin.

f) Bir hamur parçasını yavaşça düzleştirin, ardından parmak uçlarınızı kullanarak hamurun kenarlarını merkeze doğru çekin ve sıkıştırarak kaba bir yuvarlak haline getirin. Turu ters çevirin. Hamuru elinize alın ve tezgahınızın tutamağını kullanarak, dikişi sıkmak için yuvarlak masayı masaya doğru döndürün.

g) Elinize yapışmasını önlemek için gerekirse üzerine un serpin. Yağın çok hızlı ısınmasını önlemek için hızlı çalışın. Kalan turlarla tekrarlayın.
ğ) Bir ekmek tepsisini tereyağıyla yağlayın. Turları, dikiş tarafı aşağı bakacak şekilde tavaya aktarın ve ikişer ikişer sıralayın. Bir havluyla örtün ve hatmi kıvamına gelene ve hacmi iki katına çıkana kadar 1,5 ila 2 saat bekletin.
h) 1 saatlik provanın ardından fırını önceden 375°F'ye ısıtın.
ı) Kalan 1 yumurtayı bir miktar su ile çırpın ve bu kremayı somunun üzerine hafifçe fırçalayın.
i) Somun altın kahverengi olana ve ortasına yerleştirilen bir termometre yaklaşık 200° F'yi kaydedene kadar 30 ila 35 dakika pişirin.
j) Somunu hemen bir soğutma rafına çevirin, sağ tarafı yukarı bakacak şekilde çevirin ve dilimlemeden önce 15 ila 20 dakika bekletin.

27.Bir Amerikan tatlısı

İÇİNDEKİLER:

- ½ bardak Süt
- ½ bardak Tereyağı
- ⅓ bardak Şeker
- 1 çay kaşığı Tuz
- 1 paket Maya
- ¼ bardak ılık su
- 1 yumurta; ayrılmış
- 3 Bütün yumurta; dövülmüş
- 3¼ bardak Un; elenmiş

TALİMATLAR:

a) Sütü kaynatın ve ılık ila soğumaya bırakın.
b) Tereyağını krema haline getirin, şekeri yavaş yavaş ekleyin. Tuz ekle.
c) Mayayı suyun içinde yumuşatın.
ç) Sütü, kremalı karışımı ve mayayı karıştırın. Yumurta sarısını, bütün yumurtayı ve unu ekleyip tahta kaşıkla 2 dakika çırpın.
d) Örtün ve hacim olarak iki katından fazla, yaklaşık 2 saat veya daha az bir süre elde edilene kadar sıcak bir yerde mayalanmaya bırakın.
e) Karıştırın ve iyice çırpın. Folyo ile sıkıca kapatın ve gece boyunca buzdolabında saklayın.
f) Fırını sıcak (425F) sıcaklığa kadar önceden ısıtın; rafı tabana yakın bir yere yerleştirin.
g) Hamuru karıştırın ve unlanmış bir tahtaya çevirin. Hamurun dörtte birinden biraz daha azını kesip ayırın.
ğ) Kalan hamuru 16 parçaya bölüp eşit büyüklükte toplar haline getirin.
h) İyi yağlanmış çörek tepsisine (2 /¾ x 1¼ inç derinliğinde) yerleştirin.
ı) Küçük hamur parçasını 16 parçaya bölün ve pürüzsüz toplar haline getirin. Parmağınızı hafifçe nemlendirin ve her büyük topun içine bir çöküntü yapın. Her çöküntüye küçük bir top yerleştirin. Üzerini örtün ve ılık bir yerde hacim olarak ikiye katlanana kadar yaklaşık 1 saat mayalanmaya bırakın.
i) Kalan yumurta beyazını bir çay kaşığı şekerle çırpın. Brioche'un üzerine fırçayla sürün. Kahverengi olana kadar veya 15-20 dakika pişirin.

28.İsviçre Çikolatalı Brioche

İÇİNDEKİLER:

BRIOCHE HAMURU İÇİN:
- 3 1/4 bardak çok amaçlı un
- 1/4 su bardağı toz şeker
- 1 1/4 çay kaşığı aktif kuru maya
- 1/2 su bardağı ılık süt
- 3 büyük yumurta
- 1 çay kaşığı tuz
- 1 su bardağı tuzsuz tereyağı, yumuşatılmış

DOLDURMAK İÇİN:
- 1 ila 1 1/2 bardak İsviçre çikolata parçacıkları

YUMURTA YIKAMA İÇİN:
- 1 yumurta, dövülmüş

TALİMATLAR:

MAYAYI ETKİNLEŞTİRİN:

a) Küçük bir kapta ılık süt ve bir tutam şekeri birleştirin. Mayayı sütün üzerine serpin ve köpük haline gelinceye kadar 5-10 dakika bekletin.

HAMURU HAZIRLAYIN:

b) Büyük bir karıştırma kabında un, şeker ve tuzu birleştirin. Ortasını havuz şeklinde açıp aktif maya karışımını ve çırpılmış yumurtaları ekleyin. Yapışkan bir hamur oluşana kadar karıştırın.

c) Her seferinde bir çorba kaşığı olmak üzere yumuşatılmış tereyağını yavaş yavaş ekleyin ve eklemeler arasında iyice karıştırın. Hamuru unlu bir yüzeyde pürüzsüz ve elastik hale gelinceye kadar yaklaşık 10-15 dakika yoğurun.

İLK YÜKSELİŞ:

ç) Hamuru hafifçe yağlanmış bir kaseye koyun, üzerini streç filmle veya nemli bir bezle örtün ve ılık bir yerde 1-2 saat veya hacmi iki katına çıkana kadar mayalanmaya bırakın.

ÇİKOLATA PARÇACIKLARI EKLEYİN:

d) Yükselen hamuru yavaşça yumruklayın ve İsviçre çikolata parçacıklarını eşit şekilde dağıtılıncaya kadar yoğurun.

e) Hamuru eşit parçalara bölün ve istediğiniz şekilde şekillendirin; somun, rulo veya tercih ettiğiniz başka bir şekil.

İKİNCİ YÜKSELİŞ:
f) Şekil verilen hamuru, parşömen kağıdıyla kaplı bir fırın tepsisine yerleştirin. Üzerini kapatıp tekrar 1 saat kadar mayalanmaya bırakın.
g) Fırınınızı önceden 350°F (180°C) ısıtın. Parlak bir yüzey elde etmek için kabaran böreği çırpılmış yumurtayla fırçalayın.

PİŞMEK:
ğ) Önceden ısıtılmış fırında 25-30 dakika veya çörek altın kahverengi olana ve altına dokunulduğunda içi boş ses çıkana kadar pişirin.
h) İsviçre Çikolata Parçalı Brioche'yi dilimleyip servis etmeden önce tel ızgara üzerinde soğumaya bırakın.

29. Provençal Limonlu-Lavantalı Brioche

İÇİNDEKİLER:
BRIOCHE HAMURU İÇİN:
- 3 1/4 bardak çok amaçlı un
- 1/4 su bardağı toz şeker
- 1 1/4 çay kaşığı aktif kuru maya
- 1/2 su bardağı ılık süt
- 3 büyük yumurta
- 1 çay kaşığı tuz
- 1 su bardağı tuzsuz tereyağı, yumuşatılmış

TATLANDIRMAK İÇİN:
- 2 limonun kabuğu rendesi
- 1 yemek kaşığı kurutulmuş mutfak lavantası (gıdaya uygun olduğundan emin olun)

YUMURTA YIKAMA İÇİN:
- 1 yumurta, dövülmüş

İSTEĞE BAĞLI SIR:
- 1 su bardağı pudra şekeri
- 2 yemek kaşığı limon suyu
- 1 çay kaşığı kurutulmuş mutfak lavantası (isteğe bağlı, garnitür için)

TALİMATLAR:
MAYAYI ETKİNLEŞTİRİN:
a) Küçük bir kapta ılık süt ve bir tutam şekeri birleştirin. Mayayı sütün üzerine serpin ve köpük haline gelinceye kadar 5-10 dakika bekletin.

HAMURU HAZIRLAYIN:
b) Büyük bir karıştırma kabında un, şeker, tuz, limon kabuğu rendesi ve kurutulmuş lavantayı birleştirin. Ortasını havuz şeklinde açıp aktif maya karışımını ve çırpılmış yumurtaları ekleyin. Yapışkan bir hamur oluşana kadar karıştırın.

c) Her seferinde bir çorba kaşığı olmak üzere yumuşatılmış tereyağını yavaş yavaş ekleyin ve eklemeler arasında iyice karıştırın. Hamuru unlu bir yüzeyde pürüzsüz ve elastik hale gelinceye kadar yaklaşık 10-15 dakika yoğurun.

İLK YÜKSELİŞ:

ç) Hamuru hafifçe yağlanmış bir kaseye koyun, üzerini streç filmle veya nemli bir bezle örtün ve ılık bir yerde 1-2 saat veya hacmi iki katına çıkana kadar mayalanmaya bırakın.

ŞEKİL VE İKİNCİ ARTIŞ:

d) Yükselen hamuru yumruklayın ve istediğiniz şekle sokun, rulo veya başka bir şekil verin. Şekil verilen hamuru, parşömen kağıdıyla kaplı bir fırın tepsisine yerleştirin. Üzerini kapatıp tekrar 1 saat kadar mayalanmaya bırakın.

e) Fırınınızı önceden 350°F (180°C) ısıtın. Parlak bir yüzey elde etmek için kabaran böreği çırpılmış yumurtayla fırçalayın.

PİŞMEK:

f) Önceden ısıtılmış fırında 25-30 dakika veya çörek altın kahverengi olana ve altına dokunulduğunda içi boş ses çıkana kadar pişirin.

g) İstenirse pudra şekeri ve limon suyunu karıştırıp sır haline getirin. Soğuyan tatlının üzerine gezdirin ve süslemek için kurutulmuş lavanta serpin.

ğ) Provençal Limonlu-Lavantalı Brioche'yi dilimleyip servis etmeden önce tel ızgara üzerinde soğumaya bırakın.

30.Güney Tarçınlı-Cevizli Börek

İÇİNDEKİLER:

BRIOCHE HAMURU İÇİN:
- 3 1/4 bardak çok amaçlı un
- 1/4 su bardağı toz şeker
- 1 1/4 çay kaşığı aktif kuru maya
- 1/2 su bardağı ılık süt
- 3 büyük yumurta
- 1 çay kaşığı tuz
- 1 su bardağı tuzsuz tereyağı, yumuşatılmış

TARÇIN-CEVİZ DOLGUSU İÇİN:
- 1/2 bardak tuzsuz tereyağı, yumuşatılmış
- 1 su bardağı esmer şeker, paketlenmiş
- 2 yemek kaşığı öğütülmüş tarçın
- 1 su bardağı kıyılmış ceviz

YUMURTA YIKAMA İÇİN:
- 1 yumurta, dövülmüş

TALİMATLAR:

MAYAYI ETKİNLEŞTİRİN:
a) Küçük bir kapta ılık süt ve bir tutam şekeri birleştirin. Mayayı sütün üzerine serpin ve köpük haline gelinceye kadar 5-10 dakika bekletin.

HAMURU HAZIRLAYIN:
b) Büyük bir karıştırma kabında un, şeker ve tuzu birleştirin. Ortasını havuz şeklinde açıp aktif maya karışımını ve çırpılmış yumurtaları ekleyin. Yapışkan bir hamur oluşana kadar karıştırın.

c) Her seferinde bir çorba kaşığı olmak üzere yumuşatılmış tereyağını yavaş yavaş ekleyin ve eklemeler arasında iyice karıştırın. Hamuru unlu bir yüzeyde pürüzsüz ve elastik hale gelinceye kadar yaklaşık 10-15 dakika yoğurun.

İLK YÜKSELİŞ:
ç) Hamuru hafifçe yağlanmış bir kaseye koyun, üzerini streç filmle veya nemli bir bezle örtün ve ılık bir yerde 1-2 saat veya hacmi iki katına çıkana kadar mayalanmaya bırakın.

DOLDURMAYI HAZIRLAYIN:

d) Orta boy bir kapta, dolguyu oluşturmak için yumuşatılmış tereyağını, esmer şekeri, öğütülmüş tarçını ve doğranmış cevizleri karıştırın.
e) Yükselen hamuru yumruklayın ve unlanmış bir yüzeyde büyük bir dikdörtgen şeklinde açın. Tarçın-ceviz dolgusunu hamurun üzerine eşit şekilde dağıtın.
f) Bir kütük oluşturmak için hamuru uzun bir taraftan sıkıca yuvarlayın. Günlüğü eşit büyüklükte çörekler veya dilimler halinde kesin.

İKİNCİ YÜKSELİŞ:
g) Kesilmiş çörekleri parşömen kağıdıyla kaplı bir fırın tepsisine yerleştirin. Üzerini kapatıp tekrar 1 saat kadar mayalanmaya bırakın.
ğ) Fırınınızı önceden 350°F (180°C) ısıtın. Yükselen çöreklere parlak bir görünüm kazandırmak için çırpılmış yumurtayı sürün.

PİŞMEK:
h) Önceden ısıtılmış fırında 20-25 dakika veya çörekler altın rengi kahverengi olana kadar pişirin.
ı) Servis yapmadan önce Güney Tarçınlı-Cevizli Brioche'nin tel ızgara üzerinde soğumasını bekleyin.

31. İskandinav Kakule-Portakal Brioche

İÇİNDEKİLER:

BRIOCHE HAMURU İÇİN:
- 3 1/4 bardak çok amaçlı un
- 1/4 su bardağı toz şeker
- 1 1/4 çay kaşığı aktif kuru maya
- 1/2 su bardağı ılık süt
- 3 büyük yumurta
- 1 çay kaşığı tuz
- 1 su bardağı tuzsuz tereyağı, yumuşatılmış

KAKULE-PORTAKALLI DOLGU İÇİN:
- 2 portakalın kabuğu rendesi
- 1 ila 2 yemek kaşığı öğütülmüş kakule (tadına göre ayarlayın)
- 1/2 su bardağı toz şeker
- 1/4 bardak tuzsuz tereyağı, yumuşatılmış

YUMURTA YIKAMA İÇİN:
- 1 yumurta, dövülmüş

İSTEĞE BAĞLI SIR:
- 1 su bardağı pudra şekeri
- 2 yemek kaşığı portakal suyu
- Garnitür için portakal kabuğu rendesi

TALİMATLAR:

MAYAYI ETKİNLEŞTİRİN:
a) Küçük bir kapta ılık süt ve bir tutam şekeri birleştirin. Mayayı sütün üzerine serpin ve köpük haline gelinceye kadar 5-10 dakika bekletin.

HAMURU HAZIRLAYIN:
b) Büyük bir karıştırma kabında un, şeker, tuz, portakal kabuğu rendesi ve öğütülmüş kakuleyi birleştirin. Ortasını havuz şeklinde açıp aktif maya karışımını ve çırpılmış yumurtaları ekleyin. Yapışkan bir hamur oluşana kadar karıştırın.

c) Her seferinde bir çorba kaşığı olmak üzere yumuşatılmış tereyağını yavaş yavaş ekleyin ve eklemeler arasında iyice karıştırın. Hamuru unlu bir yüzeyde pürüzsüz ve elastik hale gelinceye kadar yaklaşık 10-15 dakika yoğurun.

İLK YÜKSELİŞ:
ç) Hamuru hafifçe yağlanmış bir kaseye koyun, üzerini streç filmle veya nemli bir bezle örtün ve ılık bir yerde 1-2 saat veya hacmi iki katına çıkana kadar mayalanmaya bırakın.

DOLDURMAYI HAZIRLAYIN:
d) Küçük bir kapta portakal kabuğu rendesini, öğütülmüş kakuleyi, şekeri ve yumuşatılmış tereyağını karıştırarak dolguyu oluşturun.
e) Yükselen hamuru yumruklayın ve unlanmış bir yüzeyde büyük bir dikdörtgen şeklinde açın. Kakule-portakal dolgusunu hamurun üzerine eşit şekilde yayın.
f) Bir kütük oluşturmak için hamuru uzun bir taraftan sıkıca yuvarlayın. Günlüğü eşit büyüklükte çörekler veya dilimler halinde kesin.

İKİNCİ YÜKSELİŞ:
g) Kesilmiş çörekleri parşömen kağıdıyla kaplı bir fırın tepsisine yerleştirin. Üzerini kapatıp tekrar 1 saat kadar mayalanmaya bırakın.
ğ) Fırınınızı önceden 350°F (180°C) ısıtın. Yükselen çöreklere parlak bir görünüm kazandırmak için çırpılmış yumurtayı sürün.

PİŞMEK:
h) Önceden ısıtılmış fırında 20-25 dakika veya çörekler altın rengi kahverengi olana kadar pişirin.
ı) İstenirse pudra şekeri ve portakal suyunu karıştırıp sır haline getirin. Soğumuş olan böreğin üzerine gezdirin ve süslemek için portakal kabuğu rendesi serpin.
i) Servis yapmadan önce İskandinav Kakuleli-Portakallı Brioche'nin tel raf üzerinde soğumasını bekleyin.

32.Alsas Kugelhopf Börek

İÇİNDEKİLER:

- 3 1/2 bardak çok amaçlı un
- 1/4 su bardağı şeker
- 1 çay kaşığı tuz
- 1 paket aktif kuru maya
- 1/2 su bardağı ılık süt
- 3 büyük yumurta
- 1/2 bardak tuzsuz tereyağı, yumuşatılmış
- 1/2 bardak kuru üzüm
- 1/4 su bardağı kıyılmış badem
- 1 çay kaşığı badem özü

TALİMATLAR:

a) Ilık süt ve mayayı karıştırıp mayalanmasını sağlayın.
b) Un, şeker ve tuzu birleştirin. Maya karışımını, yumurtaları ve yumuşatılmış tereyağını ekleyin. Pürüzsüz olana kadar yoğurun.
c) Kuru üzüm, badem ve badem özünü ekleyin.
ç) Yükselmesine izin verin, geleneksel bir Kugelhopf kalıbına şekil verin ve tekrar yükselmesine izin verin.
d) 350°F (175°C) sıcaklıkta 35-40 dakika pişirin.

33. Provençal Fougasse Brioche

İÇİNDEKİLER:

- 3 1/4 su bardağı ekmek unu
- 1/4 su bardağı şeker
- 1 çay kaşığı tuz
- 1 paket ınstant maya
- 1/2 bardak ılık su
- 3 büyük yumurta
- 1/2 su bardağı zeytinyağı
- 1/4 su bardağı doğranmış siyah zeytin
- 1 yemek kaşığı doğranmış taze biberiye

TALİMATLAR:

a) Mayayı ılık suda eritin, 5 dakika bekletin.
b) Un, şeker ve tuzu birleştirin. Mayalı karışımı, yumurtaları ve zeytinyağını ekleyin. Pürüzsüz olana kadar yoğurun.
c) Doğranmış zeytinleri ve biberiyeyi ekleyin.
ç) Yükselmesine izin verin, Fougasse desenine şekil verin ve tekrar yükselmesine izin verin.
d) 190°C (375°F) sıcaklıkta 25-30 dakika pişirin.

34. İsveç Safranlı Brioche Lussekatter

İÇİNDEKİLER:

- 4 su bardağı çok amaçlı un
- 1/2 su bardağı şeker
- 1 çay kaşığı tuz
- 1 paket aktif kuru maya
- 1 bardak ılık süt
- 3 büyük yumurta
- 1/2 su bardağı tuzsuz tereyağı, eritilmiş
- 1/2 çay kaşığı safran iplikleri (ılık süte batırılmış)
- Dekorasyon için kuru üzüm

TALİMATLAR:

a) Ilık süt ve mayayı karıştırıp köpürtün.
b) Un, şeker ve tuzu birleştirin. Maya karışımını, yumurtaları, eritilmiş tereyağını ve safranlı sütü ekleyin. Pürüzsüz olana kadar yoğurun.
c) Yükselmeye bırakın, S şeklinde rulolar (Lussekatter) haline getirin ve üzerine kuru üzümleri yerleştirin.
ç) Tekrar yükselmesine izin verin, ardından 190°C'de 20-25 dakika pişirin.

35. İtalyan Panettone Brioche

İÇİNDEKİLER:
- 3 1/2 su bardağı ekmek unu
- 1/2 su bardağı şeker
- 1 çay kaşığı tuz
- 1 paket ınstant maya
- 1/2 su bardağı ılık süt
- 3 büyük yumurta
- 1/2 bardak tuzsuz tereyağı, yumuşatılmış
- 1/2 su bardağı şekerlenmiş portakal kabuğu
- 1/2 bardak kuru üzüm
- 1 çay kaşığı vanilya özü

TALİMATLAR:
a) Mayayı ılık sütte eritin, 5 dakika bekletin.
b) Un, şeker ve tuzu birleştirin. Maya karışımını, yumurtaları, yumuşatılmış tereyağını ve vanilya özütünü ekleyin. Pürüzsüz olana kadar yoğurun.
c) Şekerlenmiş portakal kabuğunu ve kuru üzümleri katlayın.
ç) Yükselmesine izin verin, yuvarlak bir Panettone şekline getirin ve tekrar yükselmesine izin verin.
d) 350°F (175°C) sıcaklıkta 45-50 dakika pişirin.

36.Japon Matcha Kavunpan Brioche

İÇİNDEKİLER:
- 3 1/2 su bardağı ekmek unu
- 1/4 su bardağı şeker
- 1 çay kaşığı tuz
- 1 paket ınstant maya
- 1/2 su bardağı ılık süt
- 3 büyük yumurta
- 1/2 bardak tuzsuz tereyağı, yumuşatılmış
- 2 yemek kaşığı matcha tozu
- Kavunpan tepesi (kurabiye hamuru)

TALİMATLAR:
a) Mayayı ılık sütte eritin, 5 dakika bekletin.
b) Un, şeker, tuz ve matcha tozunu birleştirin. Maya karışımını, yumurtaları ve yumuşatılmış tereyağını ekleyin. Pürüzsüz olana kadar yoğurun.
c) Yükselmesine izin verin, porsiyonlara bölün ve kavun tavası ile şekillendirin.
ç) Tekrar yükselmesine izin verin, ardından 190°C'de 20-25 dakika pişirin.

37.Fas Portakal Çiçeği Börek

İÇİNDEKİLER:

- 3 1/4 bardak çok amaçlı un
- 1/4 su bardağı şeker
- 1 çay kaşığı tuz
- 1 paket aktif kuru maya
- 1/2 bardak ılık su
- 3 büyük yumurta
- 1/2 su bardağı tuzsuz tereyağı, eritilmiş
- 2 portakalın kabuğu rendesi
- 2 yemek kaşığı portakal çiçeği suyu

TALİMATLAR:

a) Ilık su ve mayayı karıştırıp mayalanmaya bırakın.
b) Un, şeker ve tuzu birleştirin. Maya karışımını, yumurtaları, eritilmiş tereyağını, portakal kabuğu rendesini ve portakal çiçeği suyunu ekleyin. Pürüzsüz olana kadar yoğurun.
c) Yükselmesine izin verin, yuvarlak bir somun haline getirin ve tekrar yükselmesine izin verin.
ç) 30-35 dakika boyunca 350°F (175°C) sıcaklıkta pişirin.

38.Hint Kakuleli ve Safranlı Brioche

İÇİNDEKİLER:
- 4 su bardağı ekmek unu
- 1/3 su bardağı şeker
- 1 çay kaşığı tuz
- 1 paket ınstant maya
- 1 bardak ılık süt
- 3 büyük yumurta
- 1/2 bardak tuzsuz tereyağı, yumuşatılmış
- 1 yemek kaşığı öğütülmüş kakule
- 1/2 çay kaşığı safran iplikleri (ılık süte batırılmış)

TALİMATLAR:
a) Mayayı ılık sütte eritin, 5 dakika bekletin.
b) Un, şeker, tuz ve öğütülmüş kakuleyi birleştirin. Maya karışımı, yumurta, yumuşatılmış tereyağı ve safranlı süt ekleyin. Pürüzsüz olana kadar yoğurun.
c) Yükselmesine izin verin, örgülü bir somun haline getirin ve tekrar yükselmesine izin verin.
ç) 190°C (375°F) sıcaklıkta 25-30 dakika pişirin.

39.Meksika Tarçınlı Çikolatalı Brioche

İÇİNDEKİLER:

- 3 1/2 bardak çok amaçlı un
- 1/4 su bardağı şeker
- 1 çay kaşığı tuz
- 1 paket aktif kuru maya
- 1/2 su bardağı ılık süt
- 3 büyük yumurta
- 1/2 su bardağı tuzsuz tereyağı, eritilmiş
- 1/4 bardak kakao tozu
- 1 yemek kaşığı öğütülmüş tarçın
- 1/2 bardak çikolata parçacıkları

TALİMATLAR:

a) Ilık süt ve mayayı karıştırıp köpürtün.
b) Un, şeker, tuz, kakao tozu ve tarçını birleştirin. Maya karışımını, yumurtaları, eritilmiş tereyağını ve çikolata parçacıklarını ekleyin. Pürüzsüz olana kadar yoğurun.
c) Yükselmesine izin verin, tek tek rulolar halinde şekillendirin ve tekrar yükselmelerine izin verin.
ç) 175°C (350°F) sıcaklıkta 20-25 dakika pişirin.

MEYVELİ BROŞ

40. Meyveli ve fındıklı börek

İÇİNDEKİLER:

- 1 yemek kaşığı Taze maya
- 150 ml ılık süt
- 250 gram Un
- 4 Yumurta çırpılmış
- 1 tutam tuz
- 4 yemek kaşığı Şeker
- ½ bardak badem
- ½ su bardağı Fındık
- ¼ bardak kuru üzüm veya kuru üzüm
- ⅓ bardak kuş üzümü
- ⅓ su bardağı dilimlenmiş kuru kayısı
- Birkaç buzlu kiraz
- 170 gram Tereyağı, yumuşatılmış fakat eritilmemiş

TALİMATLAR:

a) Fırını 170C'ye önceden ısıtın. Mayayı sütte eritin. Un, yumurta, tuz, şeker, fındık ve meyve ekleyin.

b) İyice çırpın. üzerini örtüp ılık bir yerde iki katına çıkana kadar mayalandırın.

c) Yumruklayın, tereyağı ekleyin ve tereyağı topakları kalmadığından emin olarak iyice çırpın. İyice tereyağlanmış kek kalıbına dökün (karışım kalıbın yarısını doldurmalıdır). Kalıbın ¾'ü dolana kadar tekrar kabarmaya bırakın.

ç) 170 derecede, kürdan temiz çıkana kadar, yaklaşık 20-25 dakika pişirin.

d) Dilimlemeden önce soğutun.

41.Çekirdekli Meyveli ve Fesleğenli Brioche Muhallebi Çörekler

İÇİNDEKİLER:

- 250 gr sade un (börek için)
- 1 çay kaşığı ince tuz (börek için)
- 30g pudra şekeri (börek için) + 60g (krem pasta için)
- 7g kuru maya (hızlı etki eden/hızlı maya) (börek için)
- 3 yumurta (börek için) + 3 sarısı (krem pasta için) + 1 yumurta
- 180 gr tuzsuz tereyağı (yumuşatılmış) (börek için)
- 1 su bardağı sıvı yağ (yağlamak için)
- 250ml tam yağlı süt (krem pasta için)
- ½ çay kaşığı vanilya çekirdeği ezmesi veya ½ vanilya çubuğu, ikiye bölünmüş ve kazınmış (crème pâtissière için)
- 20 gr mısır unu (krem pasta için)
- 4 olgun çekirdekli meyve, yarıya bölünmüş ve çekirdekleri çıkarılmış (birleştirmek için)
- 2 yemek kaşığı demerara şekeri (birleştirmek için)
- ½ demet fesleğen, sadece yaprakları, yarısı yırtılmış (birleştirmek için)
- 1 su bardağı pudra şekeri (toz haline gelecek)

TALİMATLAR:
BROŞ HAMUR HAZIRLANIŞI

a) Hamur kancalı bağımsız bir karıştırıcı kullanarak un, tuz ve şekeri düşük hızda birleştirin.
b) Mayayı ekleyin, iyice karıştırın, ardından yumurtaları ekleyin ve gevşek bir hamur oluşuncaya kadar orta ateşte 10 dakika karıştırın.
c) Hamuru 5 dakika kadar bekletin.
ç) Yumuşatılmış tereyağını ekleyin ve kasenin kenarlarını sık sık kazıyarak orta ateşte yaklaşık 10 dakika karıştırın.
d) Hızı biraz artırın ve hamur elastik hale gelinceye kadar yaklaşık 15 dakika karıştırmaya devam edin.
e) Hamuru hafifçe yağlanmış bir yüzeye alın, top haline getirin ve hafif yağlanmış büyük bir kaba aktarın.
f) Üzerini kapatıp oda sıcaklığında 1 saat mayalanmaya bırakın. Havayı çıkarmak için hafifçe aşağı doğru bastırın, ardından örtün ve gece boyunca buzdolabında soğutun.

KREM PÂTISSIÈRE HAZIRLANIŞI

g) Bir tencerede sütü, şekerin yarısını ve vanilyayı ısıtın.
ğ) Yumurta sarısını çırpın, kalan şekeri ekleyin ve mısır ununu eleyin; birlikte çırpın.
h) Kaynayan sütü yumurtalı karışımın üzerine sürekli karıştırarak dökün.
ı) Orta ateşte karıştırarak 4-5 dakika koyulaşana kadar pişirin. Birkaç dakika daha pişirin, ardından ocaktan alın.
i) Isıya dayanıklı bir kaba aktarın, üzerini streç filmle örtün ve tamamen soğumasını bekleyin.

ÇEKİRDEKLİ MEYVE VE FESLENEK MONTAJI

j) Fırını 200°C/180°C fanlı/gazlı ayara kadar önceden ısıtın 6.
k) Çekirdekli meyveleri şeker ve yırtık fesleğen yapraklarıyla atın.

PİŞİRME

l) 2 fırın tepsisine kağıt serin.
m) Hamuru yavaşça yoğurun, 7'ye bölün, top haline getirin ve tepsilere hafifçe bastırarak diskler halinde yerleştirin.
n) Her birinin ortasına 1 yemek kaşığı krema dökün ve üzerine kesilmiş tarafı aşağı gelecek şekilde çekirdeksiz meyve yarısını koyun.
o) Hamurun üzerine çırpılmış yumurta sürün ve 17-20 dakika altın rengi kahverengi olana kadar pişirin.
ö) Hafifçe soğumaya bırakın, çekirdeklerini çıkarın ve çekirdeklerini çıkarın ve fesleğen yaprakları ve pudra şekeri ile tamamlayın.

42. Çikolatalı Çarkıfelek Meyveli Brioche Çörekler

İÇİNDEKİLER:
ÇÖREK:
- 250 gr güçlü beyaz ekmek unu
- 1/2 çay kaşığı ince deniz tuzu
- 1 çay kaşığı hızlı etkili kuru maya
- 20 gr pudra şekeri
- 1 limon kabuğu rendesi ve
- 125 ml tam yağlı süt
- 1 büyük yumurta + 1 yumurta yıkamak için
- 50 gr tuzsuz tereyağı, oda sıcaklığında

ÇARKIFELEK MEYVELİ PASTA KREMASI:
- 225 ml çarkıfelek meyvesi püresi
- 75 gr pudra şekeri
- 20g mısır unu
- 3 büyük yumurta sarısı
- Bir tutam ince deniz tuzu
- 20 gr tuzsuz tereyağı
- 100ml çift krema
- 1 çay kaşığı vanilya fasulyesi ezmesi

ÇİKOLATA SOSU:
- 50 gr sütlü çikolata (yaklaşık %50 kakao katıları)
- 50ml çift krema
- 15 ml çarkıfelek meyvesi püresi

TALİMATLAR:
BRIOCHE'NİN HAZIRLANIŞI:
a) Küçük bir tereyağı tavasında, 20 gr unu ve 80 ml sütü orta ateşte kalın bir macun oluşuncaya kadar pişirin. Bir kenara koyun.
b) Bir stand mikserinde kalan un, tuz, maya, şeker, limon kabuğu rendesi, kalan süt, yumurta ve pişmiş un karışımını birleştirin.
c) Tüylü bir hamur oluşana kadar düşük hızda karıştırın. Hamur elastik hale gelinceye kadar 10-15 dakika karıştırmaya devam edin.
ç) Yavaş yavaş tereyağı ekleyin, tamamen karışana ve hamur pürüzsüz hale gelinceye kadar karıştırın.
d) Top haline getirin, bir kaseye koyun, üzerini streç filmle örtün ve bir gece buzdolabında bekletin.

ÇARKIFELEK MEYVELİ PASTA KREMASI:
e) Bir tencerede çarkıfelek püresini şekerin yarısı ile kaynayana kadar ısıtın.
f) Ayrı bir kapta kalan şekeri ve mısır ununu karıştırın. Yumurta sarılarını ve tuzu ekleyip pürüzsüz hale gelinceye kadar çırpın.
g) Kaynayan püreyi yumurta sarısı karışımının üzerine dökün, çırpmayı önlemek için çırpın. Tavaya dönün ve koyulaşana kadar pişirin.
ğ) Tereyağı ekleyin, birleşene kadar karıştırın, streç filmle örtün ve soğutun.

BUN MONTAJI:
h) Pişirme günü, brioche hamurunu 8 parçaya bölün ve parşömen kaplı bir tepside çörekler haline getirin. İki katına çıkana kadar kanıt.
ı) Fırını 200°C'ye (180°C Fan) önceden ısıtın. Çöreklerin üzerine yumurta sarısı sürün ve altın rengi olana kadar 15-20 dakika pişirin. Serin.
i) Soğuyan pastacı kremasını pürüzsüz olana kadar çırpın. Ayrı bir kapta kremayı ve vanilyayı yumuşak zirvelere kadar çırpın. Muhallebi ile birleştirin.
j) Bir sıkma torbası kullanarak, her bir çöreği biraz ağırlaşana kadar muhallebi ile doldurun.
k) Sır için çikolatayı ve kremayı eritin, çarkıfelek meyvesi püresini çırpın. Çörekleri ganajın içine batırın ve soğumaya bırakın.
l) İsteğe bağlı olarak rendelenmiş çikolata, kakao tozu veya dondurularak kurutulmuş çarkıfelek meyvesi tozuyla süsleyin.
m) Kapalı olarak çörekler 2-3 gün saklanabilir. Çikolata ve çarkıfelek meyvesinin ilahi birleşiminin tadını çıkarın!

43.Meyve Şekeri ve Cevizli Brioche Çelengi

İÇİNDEKİLER:
- 450 gr güçlü beyaz ekmek unu
- 1 çay kaşığı deniz tuzu
- 7g poşet kurutulmuş maya
- 50 gr pudra şekeri
- 100 ml tam yağlı süt
- 5 orta boy yumurta
- 190 gr tereyağı, doğranmış ve yumuşatılmış
- 50 gr karışık kabuk
- 7 gr ceviz, doğranmış
- 125 gr incir reçeli
- 25 gr kıyılmış ceviz (serpmek için)

TALİMATLAR:
HAMUR HAZIRLAMA
a) Unu, hamur kancası ile donatılmış bir yiyecek mikserinin kasesine yerleştirin.
b) Bir tarafa tuz, diğer tarafa maya ve şekeri ekleyin. Hepsini hamur kancasıyla karıştırın.
c) Sütü ılık ama çok sıcak olmayacak şekilde ısıtın ve orta devirde çalışan mikserle unlu karışıma ekleyin.
ç) 4 yumurtayı teker teker ekleyin ve her eklemeden sonra iyice karıştırın. 10 dakika karıştırın.
d) Yumuşatılmış tereyağını, bir kerede birkaç küp halinde, birleştirilene ve hamur çok yumuşak olana kadar (yaklaşık 5 dakika) yavaş yavaş ekleyin.
e) Kenarlarını kazıyın ve eşit şekilde dağılıncaya kadar karışık kabukları ve kıyılmış cevizleri ekleyin.
f) Kasenin üzerini streç filmle kapatıp ılık bir yerde 1½-2 saat, hacmi iki katına çıkana kadar mayalandırın, ardından 1 saat buzdolabında bekletin.

TOPLANTI
g) Büyük bir fırın tepsisini pişirme kağıdıyla kaplayın.
ğ) Hamuru 8 eşit parçaya bölüp top şeklinde yuvarlayın.
h) Topları, aralarında 1-2 cm boşluk olacak şekilde tepsiye daire şeklinde yerleştirin.
ı) Üzerini streç filmle örtün ve boyutu iki katına çıkana kadar 30 dakika kadar mayalandırın ve toplar birleşsin.

PİŞİRME

i) Fırını önceden 180oC'ye ısıtın (gaz işareti 4).
j) Kalan çırpılmış yumurtayı brioche'ye hafifçe sürün.
k) Kalan cevizleri ince ince kıyın ve böreğin üzerine serpin.
l) Altın rengi olana kadar 15-20 dakika pişirin.
m) Biraz soğumaya bırakın ve incir reçelini çelenkin ortasındaki bir kasede servis edin.

44.Yaban Mersinli Limonlu Brioche

İÇİNDEKİLER:
- 3 1/2 bardak çok amaçlı un
- 1/4 su bardağı şeker
- 1 çay kaşığı tuz
- 1 paket aktif kuru maya
- 1/2 su bardağı ılık süt
- 3 büyük yumurta
- 1/2 bardak tuzsuz tereyağı, yumuşatılmış
- 1 limon kabuğu rendesi ve
- 1 su bardağı taze veya dondurulmuş yaban mersini

TALİMATLAR:
a) Ilık süt ve mayayı karıştırıp mayalanmasını sağlayın.
b) Un, şeker, tuz ve limon kabuğu rendesini birleştirin. Maya karışımını, yumurtaları ve yumuşatılmış tereyağını ekleyin. Pürüzsüz olana kadar yoğurun.
c) Yaban mersini yavaşça katlayın.
ç) Yükselmesine izin verin, somun veya rulo haline getirin ve tekrar yükselmesine izin verin.
d) 190°C (375°F) sıcaklıkta 25-30 dakika pişirin.

45. Ahududu Bademli Brioche Ruloları

İÇİNDEKİLER:
- 4 su bardağı ekmek unu
- 1/4 su bardağı şeker
- 1 çay kaşığı tuz
- 1 paket ınstant maya
- 1 bardak ılık süt
- 3 büyük yumurta
- 1/2 su bardağı tuzsuz tereyağı, eritilmiş
- 1 su bardağı taze veya dondurulmuş ahududu
- 1/2 bardak badem dilimleri

TALİMATLAR:
a) Mayayı ılık sütte eritin, 5 dakika bekletin.
b) Un, şeker ve tuzu birleştirin. Maya karışımını, yumurtaları ve eritilmiş tereyağını ekleyin. Pürüzsüz olana kadar yoğurun.
c) Ahududu ve badem dilimlerini yavaşça katlayın.
ç) Yükselmesine izin verin, porsiyonlara bölün ve bir fırın tepsisine yerleştirin.
d) Tekrar yükselmesine izin verin ve ardından 175°C'de (350°F) 20-25 dakika pişirin.

46.Şeftali Vanilyalı Brioche Twist

İÇİNDEKİLER:

- 3 1/4 bardak çok amaçlı un
- 1/4 su bardağı şeker
- 1 çay kaşığı tuz
- 1 paket aktif kuru maya
- 1/2 su bardağı ılık süt
- 3 büyük yumurta
- 1/2 bardak tuzsuz tereyağı, yumuşatılmış
- 2 adet olgun şeftali, doğranmış
- 1 yemek kaşığı vanilya özü

TALİMATLAR:

a) Ilık süt ve mayayı karıştırıp köpürtün.
b) Un, şeker ve tuzu birleştirin. Maya karışımı, yumurta, yumuşatılmış tereyağı, doğranmış şeftali ve vanilya özü ekleyin. Pürüzsüz olana kadar yoğurun.
c) Yükselmesine izin verin, iki parçaya bölün ve birlikte bükün.
ç) Yağlanmış bir tavaya yerleştirin, tekrar kabarmasını bekleyin ve ardından 375°F (190°C) sıcaklıkta 30-35 dakika pişirin.

47.Çilekli Krem Peynirli Brioche Örgüsü

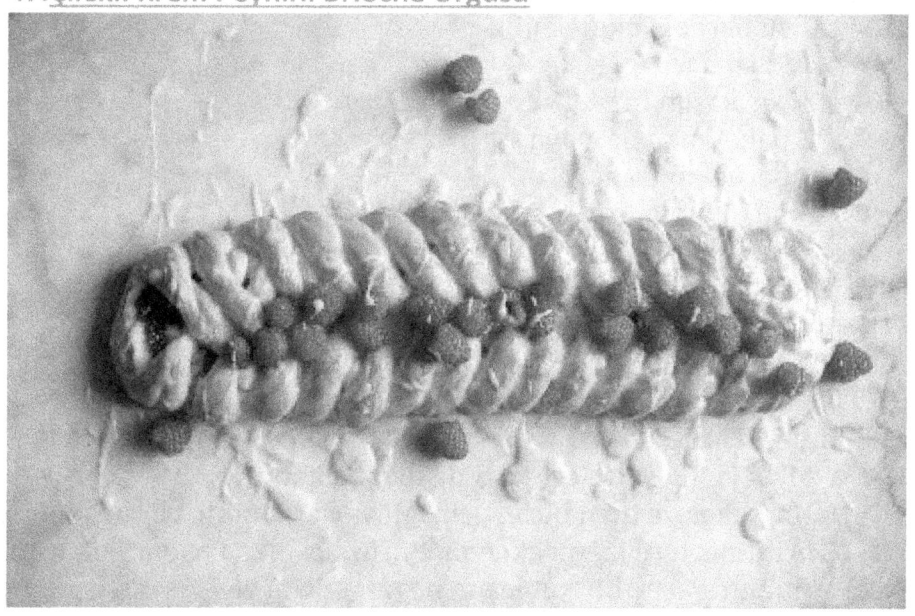

İÇİNDEKİLER:

- 4 su bardağı ekmek unu
- 1/3 su bardağı şeker
- 1 çay kaşığı tuz
- 1 paket ınstant maya
- 1 bardak ılık süt
- 3 büyük yumurta
- 1/2 su bardağı tuzsuz tereyağı, eritilmiş
- 1 su bardağı taze çilek, dilimlenmiş
- 4 ons krem peynir, yumuşatılmış
- 1/4 su bardağı pudra şekeri

TALİMATLAR:

a) Mayayı ılık sütte eritin, 5 dakika bekletin.
b) Un, şeker ve tuzu birleştirin. Maya karışımını, yumurtaları ve eritilmiş tereyağını ekleyin. Pürüzsüz olana kadar yoğurun.
c) Hamuru açın, bir kat krem peynir sürün ve üzerine dilimlenmiş çilekleri yerleştirin.
ç) Hamuru dolgunun üzerine katlayarak bir örgü oluşturun.
d) Yükselmeye bırakın, ardından 350°F (175°C) sıcaklıkta 25-30 dakika pişirin.

48. Vişneli Bademli Brioche Swirls

İÇİNDEKİLER:
- 3 1/2 bardak çok amaçlı un
- 1/4 su bardağı şeker
- 1 çay kaşığı tuz
- 1 paket aktif kuru maya
- 1/2 su bardağı ılık süt
- 3 büyük yumurta
- 1/2 bardak tuzsuz tereyağı, yumuşatılmış
- 1 bardak taze veya dondurulmuş kiraz, çekirdeği çıkarılmış ve yarıya bölünmüş
- 1/2 su bardağı dilimlenmiş badem

TALİMATLAR:
a) Ilık süt ve mayayı karıştırıp mayalanmasını sağlayın.
b) Unu, şekeri, tuzu birleştirin ve maya karışımını, yumurtaları ve yumuşatılmış tereyağını ekleyin. Pürüzsüz olana kadar yoğurun.
c) Kirazları ve dilimlenmiş bademleri yavaşça katlayın.
ç) Mayalanmaya bırakın, hamuru açın, kirazları ve bademleri eşit şekilde dağıtın, ardından kütük haline getirin.
d) Parçalara bölün, yağlanmış bir tavaya koyun ve tekrar yükselmesine izin verin.
e) 190°C (375°F) sıcaklıkta 25-30 dakika pişirin.

49.Mango Hindistan Cevizli Brioche Ruloları

İÇİNDEKİLER:
- 4 su bardağı ekmek unu
- 1/4 su bardağı şeker
- 1 çay kaşığı tuz
- 1 paket ınstant maya
- 1 su bardağı sıcak hindistan cevizi sütü
- 3 büyük yumurta
- 1/2 su bardağı tuzsuz tereyağı, eritilmiş
- 1 bardak taze mango, doğranmış
- 1/2 su bardağı kıyılmış hindistan cevizi

TALİMATLAR:
a) Mayayı ılık hindistan cevizi sütünde eritin, 5 dakika bekletin.
b) Un, şeker ve tuzu birleştirin. Maya karışımını, yumurtaları ve eritilmiş tereyağını ekleyin. Pürüzsüz olana kadar yoğurun.
c) Doğranmış mangoyu ve kıyılmış hindistan cevizini yavaşça katlayın.
ç) Yükselmesine izin verin, porsiyonlara bölün ve bir fırın tepsisine yerleştirin.
d) Tekrar yükselmesine izin verin ve ardından 175°C'de (350°F) 20-25 dakika pişirin.

50. Böğürtlenli Limonlu Cheesecake Brioche

İÇİNDEKİLER:
- 3 1/4 bardak çok amaçlı un
- 1/4 su bardağı şeker
- 1 çay kaşığı tuz
- 1 paket aktif kuru maya
- 1/2 su bardağı ılık süt
- 3 büyük yumurta
- 1/2 bardak tuzsuz tereyağı, yumuşatılmış
- 1 su bardağı taze böğürtlen
- 4 ons krem peynir, yumuşatılmış
- 1 limon kabuğu rendesi ve

TALİMATLAR:
a) Ilık süt ve mayayı karıştırıp köpürtün.
b) Un, şeker ve tuzu birleştirin. Maya karışımı, yumurta, yumuşatılmış tereyağı, krem peynir ve limon kabuğu rendesini ekleyin. Pürüzsüz olana kadar yoğurun.
c) Böğürtlenleri yavaşça katlayın.
ç) Yükselmesine izin verin, bir somun şekli verin ve tekrar yükselmesine izin verin.
d) 30-35 dakika boyunca 375°F (190°C) sıcaklıkta pişirin.

51. Narenciye Kivi Brioche Çelengi

İÇİNDEKİLER:
- 4 su bardağı ekmek unu
- 1/3 su bardağı şeker
- 1 çay kaşığı tuz
- 1 paket ınstant maya
- 1 su bardağı sıcak portakal suyu
- 3 büyük yumurta
- 1/2 su bardağı tuzsuz tereyağı, eritilmiş
- 1 portakalın kabuğu rendesi
- 2 kivi, soyulmuş ve dilimlenmiş

TALİMATLAR:
a) Mayayı ılık portakal suyunda eritin, 5 dakika bekletin.
b) Un, şeker ve tuzu birleştirin. Maya karışımını, yumurtaları, eritilmiş tereyağını ve portakal kabuğu rendesini ekleyin. Pürüzsüz olana kadar yoğurun.
c) Yükselmesine izin verin, hamuru açın ve bir çelenk haline getirin.
ç) Kivi dilimlerini üstüne yerleştirin, tekrar kabarmasını bekleyin ve ardından 190°C'de 30-35 dakika pişirin.

SEBZELİ BROŞ

52. Brioches de pommes de terre

İÇİNDEKİLER:

- 1½ pound Haşlanmış patates, soyulmuş ve dörde bölünmüş
- 4 yemek kaşığı Tuzsuz tereyağı, küp şeklinde, oda sıcaklığında
- 3 büyük Yumurta sarısı
- ½ çay kaşığı Tuz
- Tatmak için beyaz biber
- 1 çay kaşığı Süt
- 8 adet iyi tereyağlanmış minyatür börek kalıbı, soğutulmuş

TALİMATLAR:

a) Bir su ısıtıcısında patatesleri soğuk suyla doldurun ve tuzlu suyu kaynatın. Patatesleri 12 ila 15 dakika veya yumuşayana kadar pişirin. Patatesleri süzün ve bir eziciden geçirerek bir kaseye alın.

b) Tereyağı, 2 yumurta sarısı, tuz ve beyaz biberi karıştırın ve karışımın en az 20 dakika veya 2 saate kadar soğumasını bekleyin.

c) Fırını 425 derece F'ye önceden ısıtın.

ç) Karışımın ¼ fincanını hafifçe unlanmış bir yüzeye aktarın, hafifçe unlanmış ellerle mermer büyüklüğünde bir parça sıkıştırın ve saklayın. Büyük kısmı pürüzsüz bir top haline getirin ve soğutulmuş kalıplardan birine yavaşça bırakın. Topun tepesine yavaşça sığ bir girinti yapın, ayrılan mermer boyutundaki kısmı pürüzsüz bir top haline getirin ve dikkatlice girintiye yerleştirin.

d) Küçük bir kasede son yumurta sarısını sütle birleştirin ve yumurta sarısını her çörek üzerine fırçalayın, kalıbın yan tarafına düşmemesine dikkat edin. Fırın tepsisinde 25 ila 30 dakika veya altın kahverengi olana kadar pişirin. 20 dakika boyunca bir raf üzerinde soğumalarını bekleyin.

e) Kenarlarını metal bir şişle gevşetin ve ters çevirerek kalıplardan dikkatlice çıkarın.

f) Bir gün önceden yapılabilirler. Soğutulmuş ve kapalı olarak saklayın ve 15 dakika boyunca 400 derece F'de yeniden ısıtın.

53.Ispanaklı ve Beyaz Peynirli Brioche Ruloları

İÇİNDEKİLER:
- 3 1/2 bardak çok amaçlı un
- 1/4 su bardağı şeker
- 1 çay kaşığı tuz
- 1 paket aktif kuru maya
- 1/2 su bardağı ılık süt
- 3 büyük yumurta
- 1/2 bardak tuzsuz tereyağı, yumuşatılmış
- 1 su bardağı taze ıspanak, doğranmış
- 1/2 su bardağı ufalanmış beyaz peynir

TALİMATLAR:
a) Ilık süt ve mayayı karıştırıp mayalanmasını sağlayın.
b) Un, şeker ve tuzu birleştirin. Maya karışımını, yumurtaları ve yumuşatılmış tereyağını ekleyin. Pürüzsüz olana kadar yoğurun.
c) Kıyılmış ıspanak ve beyaz peyniri yavaşça katlayın.
ç) Yükselmeye bırakın, rulo haline getirin ve bir fırın tepsisine yerleştirin.
d) Tekrar yükselmesine izin verin, ardından 190°C'de 20-25 dakika pişirin.

54.Közlenmiş Kırmızı Biberli Keçi Peynirli Brioche Tart

İÇİNDEKİLER:
- 4 su bardağı ekmek unu
- 1/4 su bardağı şeker
- 1 çay kaşığı tuz
- 1 paket ınstant maya
- 1 bardak ılık su
- 3 büyük yumurta
- 1/2 su bardağı tuzsuz tereyağı, eritilmiş
- 1 su bardağı közlenmiş kırmızı biber, doğranmış
- 1/2 su bardağı ufalanmış keçi peyniri

TALİMATLAR:
a) Mayayı ılık suda eritin, 5 dakika bekletin.
b) Un, şeker ve tuzu birleştirin. Maya karışımını, yumurtaları ve eritilmiş tereyağını ekleyin. Pürüzsüz olana kadar yoğurun.
c) Közlenmiş közlenmiş kırmızı biberleri ve keçi peynirini yavaşça katlayın.
ç) Mayalanmasını bekleyin, hamuru açın ve tart kalıbına yerleştirin.
d) Tekrar kabarmasını bekleyin ve ardından 175°C (350°F) sıcaklıkta 25-30 dakika pişirin.

55.Mantar ve İsviçre Peynirli Brioche Örgüsü

İÇİNDEKİLER:
- 3 1/4 bardak çok amaçlı un
- 1/4 su bardağı şeker
- 1 çay kaşığı tuz
- 1 paket aktif kuru maya
- 1/2 su bardağı ılık süt
- 3 büyük yumurta
- 1/2 bardak tuzsuz tereyağı, yumuşatılmış
- 1 su bardağı mantar, ince doğranmış
- 1 su bardağı rendelenmiş İsviçre peyniri

TALİMATLAR:
a) Ilık süt ve mayayı karıştırıp köpürtün.
b) Un, şeker ve tuzu birleştirin. Maya karışımını, yumurtaları ve yumuşatılmış tereyağını ekleyin. Pürüzsüz olana kadar yoğurun.
c) Doğranmış mantarları ve rendelenmiş İsviçre peynirini yavaşça katlayın.
ç) Yükselmesine izin verin, porsiyonlara bölün ve parçaları örün.
d) Bir fırın tepsisine yerleştirin, tekrar kabarmasını bekleyin ve ardından 190°C (375°F) sıcaklıkta 25-30 dakika pişirin.

56. Kabak ve Parmesanlı Brioche Focaccia

İÇİNDEKİLER:
- 4 su bardağı ekmek unu
- 1/3 su bardağı şeker
- 1 çay kaşığı tuz
- 1 paket ınstant maya
- 1 bardak ılık su
- 3 büyük yumurta
- 1/2 su bardağı tuzsuz tereyağı, eritilmiş
- 1 su bardağı rendelenmiş kabak
- 1/2 su bardağı rendelenmiş parmesan peyniri

TALİMATLAR:
a) Mayayı ılık suda eritin, 5 dakika bekletin.
b) Un, şeker ve tuzu birleştirin. Maya karışımını, yumurtaları ve eritilmiş tereyağını ekleyin. Pürüzsüz olana kadar yoğurun.
c) Rendelenmiş kabak ve Parmesan peynirini yavaşça katlayın.
ç) Yükselmeye bırakın, hamuru bir focaccia şekli oluşturacak şekilde bir fırın tepsisine yayın.
d) Tekrar kabarmasını bekleyin ve ardından 175°C (350°F) sıcaklıkta 25-30 dakika pişirin.

57. Güneşte Kurutulmuş Domates ve Fesleğenli Brioche Ruloları

İÇİNDEKİLER:
- 3 1/2 bardak çok amaçlı un
- 1/4 su bardağı şeker
- 1 çay kaşığı tuz
- 1 paket aktif kuru maya
- 1/2 su bardağı ılık süt
- 3 büyük yumurta
- 1/2 bardak tuzsuz tereyağı, yumuşatılmış
- 1/2 su bardağı güneşte kurutulmuş domates, doğranmış
- 1/4 bardak taze fesleğen, ince doğranmış

TALİMATLAR:
a) Ilık süt ve mayayı karıştırıp mayalanmasını sağlayın.
b) Un, şeker ve tuzu birleştirin. Maya karışımını, yumurtaları ve yumuşatılmış tereyağını ekleyin. Pürüzsüz olana kadar yoğurun.
c) Doğranmış güneşte kurutulmuş domatesleri ve taze fesleğenleri yavaşça ekleyin.
ç) Yükselmeye bırakın, rulo haline getirin ve bir fırın tepsisine yerleştirin.
d) Tekrar yükselmesine izin verin, ardından 190°C'de 20-25 dakika pişirin.

58.Brokoli ve Cheddar Doldurulmuş Brioche Çörekler

İÇİNDEKİLER:
- 4 su bardağı ekmek unu
- 1/4 su bardağı şeker
- 1 çay kaşığı tuz
- 1 paket ınstant maya
- 1 bardak ılık su
- 3 büyük yumurta
- 1/2 su bardağı tuzsuz tereyağı, eritilmiş
- 1 bardak brokoli çiçeği, buharda pişirilmiş ve doğranmış
- 1 su bardağı rendelenmiş kaşar peyniri

TALİMATLAR:
a) Mayayı ılık suda eritin, 5 dakika bekletin.
b) Un, şeker ve tuzu birleştirin. Maya karışımını, yumurtaları ve eritilmiş tereyağını ekleyin. Pürüzsüz olana kadar yoğurun.
c) Buharda pişirilmiş ve doğranmış brokoliyi ve rendelenmiş kaşar peynirini yavaşça katlayın.
ç) Yükselmesine izin verin, çörekler haline getirin ve bir fırın tepsisine yerleştirin.
d) Tekrar kabarmasını bekleyin ve ardından 175°C (350°F) sıcaklıkta 25-30 dakika pişirin.

59. Karamelize Soğan ve Gruyère Brioche Tart

İÇİNDEKİLER:

- 3 1/4 bardak çok amaçlı un
- 1/4 su bardağı şeker
- 1 çay kaşığı tuz
- 1 paket aktif kuru maya
- 1/2 su bardağı ılık süt
- 3 büyük yumurta
- 1/2 bardak tuzsuz tereyağı, yumuşatılmış
- 2 büyük soğan, ince dilimlenmiş ve karamelize edilmiş
- 1 su bardağı rendelenmiş Gruyère peyniri

TALİMATLAR:

a) Ilık süt ve mayayı karıştırıp köpürtün.
b) Un, şeker ve tuzu birleştirin. Maya karışımını, yumurtaları ve yumuşatılmış tereyağını ekleyin. Pürüzsüz olana kadar yoğurun.
c) Karamelize soğanları ve rendelenmiş Gruyère peynirini yavaşça katlayın.
ç) Mayalanmasını bekleyin, hamuru açın ve tart kalıbına yerleştirin.
d) Tekrar yükselmesine izin verin, ardından 190°C'de (375°F) 30-35 dakika pişirin.

60.Enginar ve Pestolu Brioche Fırıldaklar

İÇİNDEKİLER:
- 4 su bardağı ekmek unu
- 1/3 su bardağı şeker
- 1 çay kaşığı tuz
- 1 paket instant maya
- 1 bardak ılık su
- 3 büyük yumurta
- 1/2 su bardağı tuzsuz tereyağı, eritilmiş
- 1 su bardağı marine edilmiş enginar kalbi, doğranmış
- 1/4 bardak pesto sosu

TALİMATLAR:
a) Mayayı ılık suda eritin, 5 dakika bekletin.
b) Un, şeker ve tuzu birleştirin. Maya karışımını, yumurtaları ve eritilmiş tereyağını ekleyin. Pürüzsüz olana kadar yoğurun.
c) Doğranmış marine edilmiş enginar kalplerini ve pesto sosunu yavaşça ekleyin.
ç) Hamuru kabarmaya bırakın, açın, pesto ve enginarları eşit şekilde yayın, ardından kütük haline getirin.
d) Fırıldak şeklinde kesin, bir fırın tepsisine yerleştirin ve tekrar yükselmesine izin verin.
e) 175°C (350°F) sıcaklıkta 20-25 dakika pişirin.

PEYNİRLİ BROŞ

61.Peynirli çörek

İÇİNDEKİLER:

- 1 bardak su
- 2 ons margarin
- 1 çay kaşığı tuz
- 1 çay kaşığı acı biber
- 1 su bardağı ağartılmamış beyaz un, elenmiş
- 3 yumurta
- 3 ons gruyere peyniri, ince doğranmış

TALİMATLAR:

a) Fırını önceden 375 F'ye ısıtın. 1 litrelik bir tencerede düşük ateşte su, margarin, tuz ve kırmızı biberi kaynatın. Margarin eriyince ateşi kısın. Un ekle. Hamur bir top oluşturacak.

b) Topu tahta bir kaşıkla sürekli olarak 2 ila 3 dakika karıştırın.

c) Hamurun yapışmasını önlemek için tavanın altını sık sık kazıyın. Ateşten alın ve hamuru büyük bir karıştırma kabına yerleştirin. Hamuru kaseye yayın ve 10 dakika soğumaya bırakın.

ç) Elleriniz yakında çok yapışkan hale geleceğinden, bir sonraki adıma başlamadan önce kasenin yakınına büyük bir fırın tepsisi yerleştirin.

d) Hamur, yumurtaların hamur içinde pişmemesi için yeterince soğuduğunda, yumurtaların tamamını hamura ekleyin. Yumurtalar tamamen karışıncaya kadar elle ezin. Peyniri ekleyip iyice karıştırın.

e) Yağlanmamış fırın tepsisinin ortasına hamur toplarını yerleştirin. 5 x 8 inçlik oval bir halka oluşturmak için hamuru merkezden yayın.

62.Peynirli Armutlu Börek

İÇİNDEKİLER:

HAMUR İÇİN:
- 1/5 su bardağı süt
- 5 yumurta
- ⅓ su bardağı şeker
- 3½ su bardağı çok amaçlı un
- 1½ çay kaşığı aktif kuru maya ½ çay kaşığı tuz
- Bip sesi duyulduktan sonra:
- 1 su bardağı dondurulmuş tereyağı, doğranmış

DOLGU:
- 1 armut
- 1 ⅓ bardak krem peynir

SIRLAMA İÇİN:
- 1 yumurta

TALİMATLAR:

a) Hamuru ekmek makinesinde yoğurun. Çıkarın, mutfak filmiyle sarın ve gece boyunca buzdolabına koyun.
b) Çörekleri pişirmeye başlamadan önce hamuru 1 saat ılık bir yere koyun.
c) Daha sonra hamuru 12 eşit parçaya bölün. Her bir parçadan küçük bir parça hamur sıkıştırın.
ç) Büyük ve küçük hamur parçalarını küre şeklinde şekillendirin.
d) Büyük küreleri tereyağlı kek kalıplarına yerleştirin ve parmağınızı üst kısımlarının ortasına bastırarak biraz derinleştirin.
e) 1 armudu soyup ince ince doğrayın ve yumuşak peynirle karıştırın. Büyük hamur küresinde çukur açın, çukurluğun içine iç malzemeyi koyun ve küçük küreyle üzerini kapatın.
f) Bir havluyla örtün ve 1 saat dinlenmeye ve yükselmeye bırakın.
g) Fırını önceden 350 derece F'ye (180 derece C) ısıtın.
ğ) Çöreklerinizin yüzeyini çırpılmış yumurta ile fırçalayın.
h) Önceden ısıtılmış fırında 15-20 dakika altın rengi oluncaya kadar pişirin.
ı) Brioche'yi ızgarada soğutun.

63.Güneşte Kurutulmuş Domates ve Mozzarella Brioche

İÇİNDEKİLER:
- 1/2 su bardağı süt
- 5 yumurta
- 1/3 su bardağı şeker
- 3 1/2 bardak çok amaçlı un
- 1 1/2 çay kaşığı aktif kuru maya
- 1/2 çay kaşığı tuz
- 1 su bardağı rendelenmiş mozarella peyniri
- 1/2 su bardağı güneşte kurutulmuş domates (doğranmış)
- 1 çay kaşığı kurutulmuş kekik
- 1 su bardağı dondurulmuş tereyağı, doğranmış
- 1 yumurta (sır için)

TALİMATLAR:
a) Ekmek makinesinde süt, yumurta, şeker, un, maya ve tuzu birleştirin.
b) İlk yoğurmanın ardından doğranmış dondurulmuş tereyağını ekleyin. Ekmek makinesinin hamur döngüsünü tamamlamasına izin verin.
c) Hamuru çıkarın, mutfak filmiyle sarın ve gece boyunca buzdolabında bekletin.
ç) Pişirmeden önce hamuru ılık bir yerde 1 saat kadar dinlendirin. 12 parçaya bölün.
d) Büyük hamur parçalarını küreler halinde şekillendirin ve bunları tereyağlı kek pişirme kaplarına yerleştirin.
e) Derinleşme oluşturmak için her büyük kürenin ortasına basın.
f) Rendelenmiş mozarellayı doğranmış güneşte kurutulmuş domates ve kurutulmuş kekikle karıştırın.
g) Her bir hamur küresinin derinleşmesini mozarella, güneşte kurutulmuş domates ve kekik karışımıyla doldurun.
ğ) Bir havluyla örtün ve kabarması için bir saat daha dinlendirin.
h) Fırını önceden 350°F'ye (180°C) ısıtın.
ı) Bir yumurtayı çırpın ve her bir çörek yüzeyini yumurta yıkamasıyla fırçalayın.
i) 15-20 dakika veya altın rengi kahverengi olana kadar pişirin.
j) Güneşte Kurutulmuş Domates ve Mozzarellalı Brioche'yi tel ızgara üzerinde soğutun.

64. Parmesan ve Sarımsaklı Brioche Düğümleri

İÇİNDEKİLER:
- 1/2 su bardağı süt
- 5 yumurta
- 1/3 su bardağı şeker
- 3 1/2 bardak çok amaçlı un
- 1 1/2 çay kaşığı aktif kuru maya
- 1/2 çay kaşığı tuz
- 1 su bardağı rendelenmiş parmesan peyniri
- 3 diş sarımsak (kıyılmış)
- 2 yemek kaşığı taze maydanoz (doğranmış)
- 1 su bardağı dondurulmuş tereyağı, doğranmış
- 1 yumurta (sır için)

TALİMATLAR:
a) Ekmek makinesinde süt, yumurta, şeker, un, maya ve tuzu birleştirin.
b) İlk yoğurmanın ardından doğranmış dondurulmuş tereyağını ekleyin. Ekmek makinesinin hamur döngüsünü tamamlamasına izin verin.
c) Hamuru çıkarın, mutfak filmiyle sarın ve gece boyunca buzdolabında bekletin.
ç) Pişirmeden önce hamuru ılık bir yerde 1 saat kadar dinlendirin. 12 parçaya bölün.
d) Benzersiz bir bükülme için her parçayı düğümler halinde şekillendirin ve bir fırın tepsisine yerleştirin.
e) Bir kapta rendelenmiş Parmesan, kıyılmış sarımsak ve doğranmış taze maydanozu karıştırın.
f) Her düğümü Parmesan, sarımsak ve maydanoz karışımında yuvarlayın ve iyi kaplandıklarından emin olun.
g) Bir havluyla örtün ve kabarması için bir saat daha dinlendirin.
ğ) Fırını önceden 350°F'ye (180°C) ısıtın.
h) Bir yumurtayı çırpın ve her çörek düğümünün yüzeyini yumurta yıkamasıyla fırçalayın.
ı) 15-20 dakika veya altın rengi kahverengi olana kadar pişirin.
i) Parmesan ve Sarımsaklı Brioche Düğümlerini tel ızgara üzerinde soğutun.

65.Pastırma ve Cheddar Dolması Brioche

İÇİNDEKİLER:
- 1/2 su bardağı süt
- 5 yumurta
- 1/3 su bardağı şeker
- 3 1/2 bardak çok amaçlı un
- 1 1/2 çay kaşığı aktif kuru maya
- 1/2 çay kaşığı tuz
- 1 su bardağı pişmiş ve ufalanmış pastırma
- 1 su bardağı rendelenmiş kaşar peyniri
- 1 su bardağı dondurulmuş tereyağı, doğranmış
- 1 yumurta (sır için)

TALİMATLAR:
a) Ekmek makinesinde süt, yumurta, şeker, un, maya ve tuzu birleştirin.
b) İlk yoğurmanın ardından doğranmış dondurulmuş tereyağını ekleyin. Ekmek makinesinin hamur döngüsünü tamamlamasına izin verin.
c) Hamuru çıkarın, mutfak filmiyle sarın ve gece boyunca buzdolabında bekletin.
ç) Pişirmeden önce hamuru ılık bir yerde 1 saat kadar dinlendirin. 12 parçaya bölün.
d) Büyük hamur parçalarını küreler halinde şekillendirin ve bunları tereyağlı kek pişirme kaplarına yerleştirin.
e) Derinleşme oluşturmak için her büyük kürenin ortasına basın.
f) Pişmiş ve ufalanmış pastırmayı rendelenmiş çedar ile karıştırın.
g) Her bir hamur küresinin derinleşmesini pastırma ve kaşar karışımıyla doldurun.
ğ) Bir havluyla örtün ve kabarması için bir saat daha dinlendirin.
h) Fırını önceden 350°F'ye (180°C) ısıtın.
ı) Bir yumurtayı çırpın ve her bir çörek yüzeyini yumurta yıkamasıyla fırçalayın.
i) 15-20 dakika veya altın rengi kahverengi olana kadar pişirin.
j) Pastırma ve Cheddar Doldurulmuş Brioche'yi tel ızgara üzerinde soğutun.

66.Jalapeño ve Biber Jack Brioche Ruloları

İÇİNDEKİLER:
- 1/2 su bardağı süt
- 5 yumurta
- 1/3 su bardağı şeker
- 3 1/2 bardak çok amaçlı un
- 1 1/2 çay kaşığı aktif kuru maya
- 1/2 çay kaşığı tuz
- 1 su bardağı rendelenmiş Pepper Jack peyniri
- 1/2 bardak salamura jalapeños (doğranmış)
- 1 su bardağı dondurulmuş tereyağı, doğranmış
- 1 yumurta (sır için)

TALİMATLAR:
a) Ekmek makinesinde süt, yumurta, şeker, un, maya ve tuzu birleştirin.
b) İlk yoğurmanın ardından doğranmış dondurulmuş tereyağını ekleyin. Ekmek makinesinin hamur döngüsünü tamamlamasına izin verin.
c) Hamuru çıkarın, mutfak filmiyle sarın ve gece boyunca buzdolabında bekletin.
ç) Pişirmeden önce hamuru ılık bir yerde 1 saat kadar dinlendirin. 12 parçaya bölün.
d) Büyük hamur parçalarını küreler halinde şekillendirin ve bunları tereyağlı kek pişirme kaplarına yerleştirin.
e) Derinleşme oluşturmak için her büyük kürenin ortasına basın.
f) Kıyılmış Pepper Jack peynirini doğranmış salamura jalapeno ile karıştırın.
g) Her hamur küresinin derinleşmesini jalapeno ve peynir karışımıyla doldurun.
ğ) Bir havluyla örtün ve kabarması için bir saat daha dinlendirin.
h) Fırını önceden 350°F'ye (180°C) ısıtın.
ı) Bir yumurtayı çırpın ve her bir çörek yüzeyini yumurta yıkamasıyla fırçalayın.
i) 15-20 dakika veya altın rengi kahverengi olana kadar pişirin.
j) Jalapeño ve Pepper Jack Brioche Rolls'u tel raf üzerinde soğutun.

67.Gouda ve Herb Brioche

İÇİNDEKİLER:
- 1/2 su bardağı süt
- 5 yumurta
- 1/3 su bardağı şeker
- 3 1/2 bardak çok amaçlı un
- 1 1/2 çay kaşığı aktif kuru maya
- 1/2 çay kaşığı tuz
- 1 su bardağı rendelenmiş Gouda peyniri
- 1 su bardağı dondurulmuş tereyağı, doğranmış
- 1 yumurta (sır için)
- 1 yemek kaşığı karışık otlar

TALİMATLAR:
a) Ekmek makinesinde süt, yumurta, şeker, un, maya ve tuzu birleştirin.
b) İlk yoğurmanın ardından doğranmış dondurulmuş tereyağını ekleyin. Ekmek makinesinin hamur döngüsünü tamamlamasına izin verin.
c) Hamuru çıkarın, mutfak filmiyle sarın ve gece boyunca buzdolabında bekletin.
ç) Pişirmeden önce hamuru ılık bir yerde 1 saat kadar dinlendirin. 12 parçaya bölün.
d) Büyük hamur parçalarını küreler halinde şekillendirin ve bunları tereyağlı kek pişirme kaplarına yerleştirin.
e) Derinleşme oluşturmak için her büyük kürenin ortasına basın.
f) Kıyılmış Gouda'yı karışık otlarla karıştırın ve derinleşen kısmı karışımla doldurun.
g) Bir havluyla örtün ve kabarması için bir saat daha dinlendirin.
ğ) Fırını önceden 350°F'ye (180°C) ısıtın.
h) Her bir böreğin yüzeyini çırpılmış yumurta ile fırçalayın.
ı) 15-20 dakika veya altın rengi kahverengi olana kadar pişirin.
i) Böreği tel ızgara üzerinde soğutun.

68.Mavi Peynirli ve Cevizli Brioche

İÇİNDEKİLER:
- 1/2 su bardağı süt
- 5 yumurta
- 1/3 su bardağı şeker
- 3 1/2 bardak çok amaçlı un
- 1 1/2 çay kaşığı aktif kuru maya
- 1/2 çay kaşığı tuz
- 1 su bardağı mavi peynir
- 1 su bardağı dondurulmuş tereyağı, doğranmış
- 1 su bardağı kıyılmış ceviz
- 1 yumurta (sır için)

TALİMATLAR:
a) Ekmek makinesinde süt, yumurta, şeker, un, maya ve tuzu birleştirin.
b) İlk yoğurmanın ardından doğranmış dondurulmuş tereyağını ekleyin. Ekmek makinesinin hamur döngüsünü tamamlamasına izin verin.
c) Hamuru çıkarın, mutfak filmiyle sarın ve gece boyunca buzdolabında bekletin.
ç) Pişirmeden önce hamuru ılık bir yerde 1 saat kadar dinlendirin. 12 parçaya bölün.
d) Büyük hamur parçalarını küreler halinde şekillendirin ve bunları tereyağlı kek pişirme kaplarına yerleştirin.
e) Derinleşme oluşturmak için her büyük kürenin ortasına basın.
f) Mavi peyniri ufalayıp kıyılmış cevizle karıştırın.
g) Her hamur küresinin derinleşmesini mavi peynir ve ceviz karışımıyla doldurun.
ğ) Bir havluyla örtün ve kabarması için bir saat daha dinlendirin.
h) Fırını önceden 350°F'ye (180°C) ısıtın.
ı) Bir yumurtayı çırpın ve her bir çörek yüzeyini yumurta yıkamasıyla fırçalayın.
i) 15-20 dakika veya altın rengi kahverengi olana kadar pişirin.
j) Mavi Peynirli ve Cevizli Brioche'yi tel ızgara üzerinde soğutun.

CEVİZLİ BROŞ

69.Kuru üzüm ve bademli tatlı börek

İÇİNDEKİLER:

- 1 ons Taze maya
- 4 ons Süt; kaynatılıp ılık hale gelinceye kadar soğutulur
- ½ ons İnce tuz
- 18 ons Un
- 6 Yumurta
- 12 ons Tereyağı
- 3 ons Şeker
- 7 ons Kuru Üzüm
- 3 yemek kaşığı rom
- 4 ons Bütün badem; derisi soyulmuş ve çok hafif kızartılmış
- 1 Yumurta sarısı şunlarla karıştırılmıştır:
- 1 yemek kaşığı Süt
- Kalıp için tereyağı
- Üzerine serpmek için pudra şekeri (pudra şekeri)

TALİMATLAR:

a) Mayayı ve sütü mikserinizin kasesine koyun ve hafifçe çırpın. Tuzu, ardından unu ve yumurtaları ekleyin. Mikseri orta hıza getirin ve hamur pürüzsüz, elastik ve bol miktarda oluncaya kadar karışımı hamur kancasıyla yaklaşık 10 dakika çalıştırın.

b) Tereyağı ve şekeri karıştırın, mikserin hızını düşürün ve tereyağı karışımını azar azar hamura ekleyerek hamuru sürekli karıştırarak ekleyin.

c) Tereyağın tamamı eklendiğinde hızı artırın ve hamur çok pürüzsüz ve parlak oluncaya kadar mikserde 8 ila 10 dakika veya elle yaklaşık 15 dakika karıştırın. Esnek ve oldukça elastik olmalı ve kasenin yanlarından uzaklaşmalıdır.

ç) Hamuru bir fırın tepsisiyle örtün ve hacmi iki katına çıkana kadar 2 saat boyunca yaklaşık 75F'lik sıcak bir yerde bırakın.

d) Hamuru 2-3 defadan fazla olmayacak şekilde yumruğunuzla vurarak geriye doğru vurun. Üzerini bir fırın tepsisiyle örtün ve en az 4 saat buzdolabında saklayın, ancak 24 saatten fazla yalnız bırakmayın.

e) Hazırlanışı, kuru üzüm: Kuru üzümleri romlu bir kaseye koyun, üzerini streç filmle örtün ve birkaç saat yumuşamaya bırakın.

KALIPLAMA:
f) Kalıbı cömertçe yağlayın ve bademlerin üçte birini çıkıntıların dibine yerleştirin.
g) Hafifçe unlanmış bir yüzeyde, soğutulmuş hamuru, kalıbın tabanını kaplayacak kadar uzun, dar bir dikdörtgen şeklinde açın.
ğ) Kalan bademleri doğrayıp, romla ıslatılmış kuru üzümleri hamurun üzerine serpin.
h) Hamuru birbirine sıkıca bastırarak yağlı sosis şeklinde açın. Kalıbın tabanına yerleştirip hafifçe bastırın.
ı) Çok az yumurta sarısı-süt karışımıyla iki kenarını birbirine kapatın. Sıcak bir yerde bırakın. Hamurun dörtte üçüne yükselene kadar yaklaşık 2½ saat boyunca yaklaşık 77F'de kalıbı doldurun.
i) Fırını önceden 425F'ye ısıtın.
j) Böreği önceden ısıtılmış fırında 10 dakika pişirin, ardından sıcaklığı 400F'ye düşürün ve 35 dakika daha pişirin. Sonlara doğru kahverengileşmeye başladıysa üzerini yağlı kağıtla örtün.
k) Sıcak çörekleri tel ızgara üzerine ters çevirin, kalıbı dikkatlice çıkarın ve ortasının pişmesi ve hafif renk alması için 5 dakika daha fırına koyun. Servis yapmadan önce en az 2 saat soğumaya bırakın.
l) Servis: Hafifçe pudra şekeri serpin.

70.Cevizli Cevizli Karamelli Börek

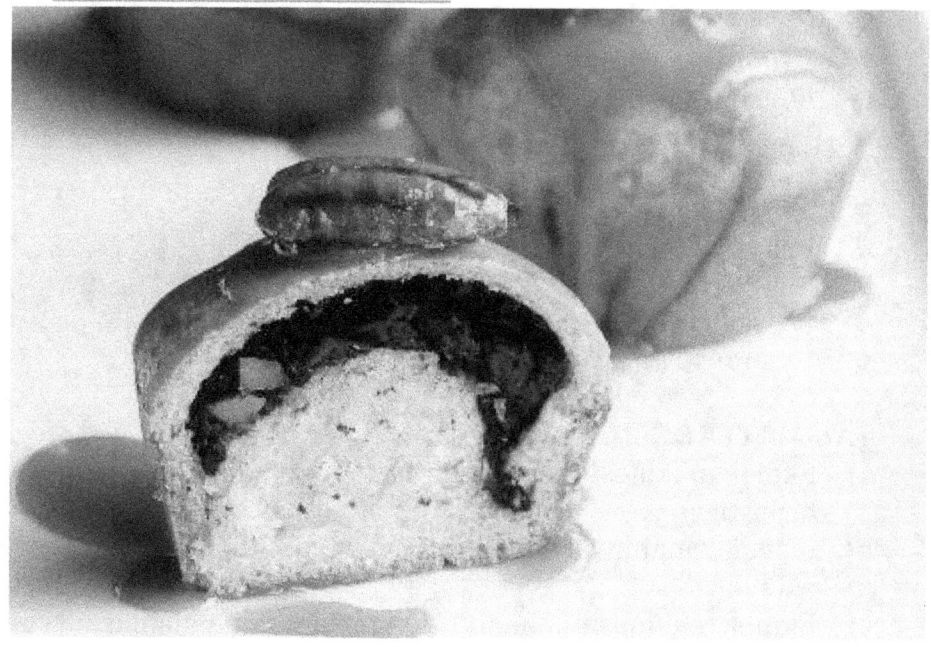

İÇİNDEKİLER:
- 1/2 su bardağı süt
- 5 yumurta
- 1/3 su bardağı şeker
- 3 1/2 bardak çok amaçlı un
- 1 1/2 çay kaşığı aktif kuru maya
- 1/2 çay kaşığı tuz
- 1 su bardağı kıyılmış ceviz
- 1 su bardağı dondurulmuş tereyağı, doğranmış
- 1/2 su bardağı karamel sosu
- 1 yumurta (sır için)

TALİMATLAR:
a) Ekmek makinesinde süt, yumurta, şeker, un, maya ve tuzu birleştirin.
b) İlk yoğurmanın ardından doğranmış dondurulmuş tereyağını ekleyin.
c) Ekmek makinesinin hamur döngüsünü tamamlamasına izin verin.
ç) Hamuru çıkarın, mutfak filmiyle sarın ve bir gece buzdolabında bekletin.
d) Pişirmeden önce hamuru ılık bir yerde 1 saat kadar dinlendirin.
e) Hamuru 12 eşit parçaya bölün.
f) Büyük hamur parçalarını küreler halinde şekillendirin ve bunları tereyağlı kek pişirme kaplarına yerleştirin.
g) Kıyılmış cevizleri hamurun içine karıştırın.
ğ) Hamuru 12 parçaya bölün ve tereyağlı kek kalıplarına yerleştirin.
h) Derinleşme oluşturmak için her büyük kürenin ortasına basın.
ı) Derinliği bir çiseleyen karamel sosuyla doldurun.
i) Bir havluyla örtün ve kabarması için bir saat daha dinlendirin.
j) Fırını önceden 350°F'ye (180°C) ısıtın.
k) Bir yumurtayı çırpın ve her bir çörek yüzeyini yumurta yıkamasıyla fırçalayın.
l) 15-20 dakika veya altın rengi kahverengi olana kadar pişirin.
m) Fındıklı Cevizli Karamelli Brioche'yi tel ızgara üzerinde soğutun.

71.Bademli ve Ballı Brioche Ruloları

İÇİNDEKİLER:
- 1/2 su bardağı süt
- 5 yumurta
- 1/3 su bardağı şeker
- 3 1/2 bardak çok amaçlı un
- 1 1/2 çay kaşığı aktif kuru maya
- 1/2 çay kaşığı tuz
- 1 su bardağı dilimlenmiş badem
- 1 su bardağı dondurulmuş tereyağı, doğranmış
- 1/4 bardak bal
- 1 yumurta (sır için)

TALİMATLAR:
a) Ekmek makinesinde süt, yumurta, şeker, un, maya ve tuzu birleştirin.
b) İlk yoğurmanın ardından doğranmış dondurulmuş tereyağını ekleyin.
c) Ekmek makinesinin hamur döngüsünü tamamlamasına izin verin.
ç) Hamuru çıkarın, mutfak filmiyle sarın ve bir gece buzdolabında bekletin.
d) Pişirmeden önce hamuru ılık bir yerde 1 saat kadar dinlendirin.
e) Hamuru 12 eşit parçaya bölün.
f) Büyük hamur parçalarını küreler halinde şekillendirin ve bunları tereyağlı kek pişirme kaplarına yerleştirin.
g) Dilimlenmiş bademleri hamurun içine karıştırın.
ğ) Hamuru 12 parçaya bölün ve tereyağlı kek kalıplarına yerleştirin.
h) Derinleşme oluşturmak için her büyük kürenin ortasına basın.
ı) Her bir çöreğin derinleştiği yere biraz bal dökün.
i) Bir havluyla örtün ve kabarması için bir saat daha dinlendirin.
j) Fırını önceden 350°F'ye (180°C) ısıtın.
k) Bir yumurtayı çırpın ve her bir çörek yüzeyini yumurta yıkamasıyla fırçalayın.
l) 15-20 dakika veya altın rengi kahverengi olana kadar pişirin.
m) Bademli ve Ballı Brioche Rulolarını tel ızgara üzerinde soğutun.

72. Ceviz ve Akçaağaç Şurubu Brioche Knot

İÇİNDEKİLER:

- 1/2 su bardağı süt
- 5 yumurta
- 1/3 su bardağı şeker
- 3 1/2 bardak çok amaçlı un
- 1 1/2 çay kaşığı aktif kuru maya
- 1/2 çay kaşığı tuz
- 1 su bardağı kıyılmış ceviz
- 1 su bardağı dondurulmuş tereyağı, doğranmış
- 1/2 bardak akçaağaç şurubu
- 1 yumurta (sır için)

TALİMATLAR:

a) Ekmek makinesinde süt, yumurta, şeker, un, maya ve tuzu birleştirin.
b) İlk yoğurmanın ardından doğranmış dondurulmuş tereyağını ekleyin.
c) Ekmek makinesinin hamur döngüsünü tamamlamasına izin verin.
ç) Hamuru çıkarın, mutfak filmiyle sarın ve bir gece buzdolabında bekletin.
d) Pişirmeden önce hamuru ılık bir yerde 1 saat kadar dinlendirin.
e) Hamuru 12 eşit parçaya bölün.
f) Büyük hamur parçalarını küreler halinde şekillendirin ve bunları tereyağlı kek pişirme kaplarına yerleştirin.
g) Kıyılmış cevizleri hamurun içine karıştırın.
ğ) Hamura düğümler halinde şekil verip fırın tepsisine dizin.
h) Her börek düğümünün üzerine akçaağaç şurubunu gezdirin.
ı) Bir havluyla örtün ve kabarması için bir saat daha dinlendirin.
i) Fırını önceden 350°F'ye (180°C) ısıtın.
j) Bir yumurtayı çırpın ve her çörek düğümünün yüzeyini yumurta yıkamasıyla fırçalayın.
k) 15-20 dakika veya altın rengi kahverengi olana kadar pişirin.
l) Ceviz ve Akçaağaç Şuruplu Brioche Düğümlerini tel ızgara üzerinde soğutun.

73.Fındıklı Çikolata Parçalı Brioche Swirls

İÇİNDEKİLER:
- 1/2 su bardağı süt
- 5 yumurta
- 1/3 su bardağı şeker
- 3 1/2 bardak çok amaçlı un
- 1 1/2 çay kaşığı aktif kuru maya
- 1/2 çay kaşığı tuz
- 1 su bardağı kıyılmış fındık
- 1 su bardağı dondurulmuş tereyağı, doğranmış
- 1/2 bardak çikolata parçacıkları
- 1 yumurta (sır için)

TALİMATLAR:
a) Ekmek makinesinde süt, yumurta, şeker, un, maya ve tuzu birleştirin.
b) İlk yoğurmanın ardından doğranmış dondurulmuş tereyağını ekleyin.
c) Ekmek makinesinin hamur döngüsünü tamamlamasına izin verin.
ç) Hamuru çıkarın, mutfak filmiyle sarın ve bir gece buzdolabında bekletin.
d) Pişirmeden önce hamuru ılık bir yerde 1 saat kadar dinlendirin.
e) Hamuru 12 eşit parçaya bölün.
f) Büyük hamur parçalarını küreler halinde şekillendirin ve bunları tereyağlı kek pişirme kaplarına yerleştirin.
g) Kıyılmış fındıkları ve çikolata parçacıklarını hamurun içine karıştırın.
ğ) Hamuru dikdörtgen şeklinde açın ve fındık ve çikolata karışımını eşit şekilde serpin.
h) Hamuru bir kütük haline getirin ve 12 tur halinde dilimleyin.
ı) Yuvarlakları tereyağlı kek pişirme kaplarına yerleştirin.
i) Bir havluyla örtün ve kabarması için bir saat daha dinlendirin.
j) Fırını önceden 350°F'ye (180°C) ısıtın.
k) Bir yumurtayı çırpın ve her bir çörek girdabının yüzeyini yumurta yıkamasıyla fırçalayın.
l) 15-20 dakika veya altın rengi kahverengi olana kadar pişirin.
m) Fındıklı Çikolata Parçalı Brioche Swirls'i tel ızgara üzerinde soğutun.

74. Kaju ve Portakal Zest Brioche

İÇİNDEKİLER:
- 1/2 su bardağı süt
- 5 yumurta
- 1/3 su bardağı şeker
- 3 1/2 bardak çok amaçlı un
- 1 1/2 çay kaşığı aktif kuru maya
- 1/2 çay kaşığı tuz
- 1 su bardağı kıyılmış kaju
- 1 su bardağı dondurulmuş tereyağı, doğranmış
- 2 portakalın kabuğu rendesi
- 1 yumurta (sır için)

TALİMATLAR:
a) Ekmek makinesinde süt, yumurta, şeker, un, maya ve tuzu birleştirin.
b) İlk yoğurmanın ardından doğranmış dondurulmuş tereyağını ekleyin.
c) Ekmek makinesinin hamur döngüsünü tamamlamasına izin verin.
ç) Hamuru çıkarın, mutfak filmiyle sarın ve bir gece buzdolabında bekletin.
d) Pişirmeden önce hamuru ılık bir yerde 1 saat kadar dinlendirin.
e) Hamuru 12 eşit parçaya bölün.
f) Büyük hamur parçalarını küreler halinde şekillendirin ve bunları tereyağlı kek pişirme kaplarına yerleştirin.
g) Kıyılmış kaju ve portakal kabuğu rendesini hamura karıştırın.
ğ) Hamuru 12 parçaya bölün ve tereyağlı kek kalıplarına yerleştirin.
h) Derinleşme oluşturmak için her büyük kürenin ortasına basın.
ı) Bir havluyla örtün ve kabarması için bir saat daha dinlendirin.
i) Fırını önceden 350°F'ye (180°C) ısıtın.
j) Bir yumurtayı çırpın ve her bir çörek yüzeyini yumurta yıkamasıyla fırçalayın.
k) 15-20 dakika veya altın rengi kahverengi olana kadar pişirin.
l) Kaju ve Portakal Zest Brioche'yi tel ızgara üzerinde soğutun.

75. Fıstık ve Ahududu Reçeli Brioche Knot

İÇİNDEKİLER:
- 1/2 su bardağı süt
- 5 yumurta
- 1/3 su bardağı şeker
- 3 1/2 bardak çok amaçlı un
- 1 1/2 çay kaşığı aktif kuru maya
- 1/2 çay kaşığı tuz
- 1 su bardağı kıyılmış fıstık
- 1 su bardağı dondurulmuş tereyağı, doğranmış
- Ahududu reçeli
- 1 yumurta (sır için)

TALİMATLAR:
a) Ekmek makinesinde süt, yumurta, şeker, un, maya ve tuzu birleştirin.
b) İlk yoğurmanın ardından doğranmış dondurulmuş tereyağını ekleyin.
c) Ekmek makinesinin hamur döngüsünü tamamlamasına izin verin.
ç) Hamuru çıkarın, mutfak filmiyle sarın ve bir gece buzdolabında bekletin.
d) Pişirmeden önce hamuru ılık bir yerde 1 saat kadar dinlendirin.
e) Hamuru 12 eşit parçaya bölün.
f) Büyük hamur parçalarını küreler halinde şekillendirin ve bunları tereyağlı kek pişirme kaplarına yerleştirin.
g) Kıyılmış antep fıstıklarını hamurun içine karıştırın.
ğ) Hamura düğümler halinde şekil verip fırın tepsisine dizin.
h) Her düğümde küçük bir girinti yapın ve ahududu reçeli ile doldurun.
ı) Bir havluyla örtün ve kabarması için bir saat daha dinlendirin.
i) Fırını önceden 350°F'ye (180°C) ısıtın.
j) Bir yumurtayı çırpın ve her çörek düğümünün yüzeyini yumurta yıkamasıyla fırçalayın.
k) 15-20 dakika veya altın rengi kahverengi olana kadar pişirin.
l) Fıstık ve Ahududu Reçeli Brioche Düğümlerini tel ızgara üzerinde soğutun.

76. Macadamia Fındıklı ve Hindistan Cevizli Brioche Swirls

İÇİNDEKİLER:
- 1/2 su bardağı süt
- 5 yumurta
- 1/3 su bardağı şeker
- 3 1/2 bardak çok amaçlı un
- 1 1/2 çay kaşığı aktif kuru maya
- 1/2 çay kaşığı tuz
- 1 su bardağı kıyılmış macadamia fıstığı
- 1 su bardağı dondurulmuş tereyağı, doğranmış
- 1/2 su bardağı kıyılmış hindistan cevizi
- 1 yumurta (sır için)

TALİMATLAR:
a) Ekmek makinesinde süt, yumurta, şeker, un, maya ve tuzu birleştirin.
b) İlk yoğurmanın ardından doğranmış dondurulmuş tereyağını ekleyin.
c) Ekmek makinesinin hamur döngüsünü tamamlamasına izin verin.
ç) Hamuru çıkarın, mutfak filmiyle sarın ve bir gece buzdolabında bekletin.
d) Pişirmeden önce hamuru ılık bir yerde 1 saat kadar dinlendirin.
e) Hamuru 12 eşit parçaya bölün.
f) Büyük hamur parçalarını küreler halinde şekillendirin ve bunları tereyağlı kek pişirme kaplarına yerleştirin.
g) Kıyılmış macadamia fındıklarını ve kıyılmış hindistan cevizini hamurun içine karıştırın.
ğ) Hamuru dikdörtgen şeklinde açın ve fındık ve hindistancevizi karışımını eşit şekilde serpin.
h) Hamuru bir kütük haline getirin ve 12 tur halinde dilimleyin.
ı) Yuvarlakları tereyağlı kek pişirme kaplarına yerleştirin.
i) Bir havluyla örtün ve kabarması için bir saat daha dinlendirin.
j) Fırını önceden 350°F'ye (180°C) ısıtın.
k) Bir yumurtayı çırpın ve her bir çörek girdabının yüzeyini yumurta yıkamasıyla fırçalayın.
l) 15-20 dakika veya altın rengi kahverengi olana kadar pişirin.
m) Macadamia Fındığı ve Hindistan Cevizli Brioche Swirls'i tel raf üzerinde soğutun.

77.Fındıklı ve Espressolu Glaze Brioche

İÇİNDEKİLER:

- 1/2 su bardağı süt
- 5 yumurta
- 1/3 su bardağı şeker
- 3 1/2 bardak çok amaçlı un
- 1 1/2 çay kaşığı aktif kuru maya
- 1/2 çay kaşığı tuz
- 1 su bardağı kıyılmış fındık
- 1 su bardağı dondurulmuş tereyağı, doğranmış
- 1/4 fincan güçlü demlenmiş espresso
- 1 su bardağı pudra şekeri
- 1 yumurta (sır için)

TALİMATLAR:

a) Ekmek makinesinde süt, yumurta, şeker, un, maya ve tuzu birleştirin.
b) İlk yoğurmanın ardından doğranmış dondurulmuş tereyağını ekleyin.
c) Ekmek makinesinin hamur döngüsünü tamamlamasına izin verin.
ç) Hamuru çıkarın, mutfak filmiyle sarın ve bir gece buzdolabında bekletin.
d) Pişirmeden önce hamuru ılık bir yerde 1 saat kadar dinlendirin.
e) Hamuru 12 eşit parçaya bölün.
f) Büyük hamur parçalarını küreler halinde şekillendirin ve bunları tereyağlı kek pişirme kaplarına yerleştirin.
g) Kıyılmış fındıkları hamurun içine karıştırın.
ğ) Hamuru 12 parçaya bölün ve tereyağlı kek kalıplarına yerleştirin.
h) Derinleşme oluşturmak için her büyük kürenin ortasına basın.
ı) Bir havluyla örtün ve kabarması için bir saat daha dinlendirin.
i) Fırını önceden 350°F'ye (180°C) ısıtın.
j) Bir yumurtayı çırpın ve her bir çörek yüzeyini yumurta yıkamasıyla fırçalayın.
k) 15-20 dakika veya altın rengi kahverengi olana kadar pişirin.
l) Fındıklı ve Espresso Glaze Brioche'yi tel ızgara üzerinde soğutun.

ÇİÇEKLİ BROŞ

78.Lavanta mısır unu börek

İÇİNDEKİLER:

- 4 su bardağı Beyaz; ağartılmamış un
- 1 su bardağı Mısır unu
- 1 çay kaşığı Tuz
- 1 çay kaşığı Lavanta
- 8 ons Sıcak yağsız süt; 85 dereceye kadar ısıtıldı
- 1 yemek kaşığı Taze maya
- 1 yemek kaşığı Bal
- 2 Bütün yumurta; dövülmüş

TALİMATLAR:

a) Mayayı ve balı suya ekleyip ılık bir yerde köpürene kadar bekletin, ardından çırpılmış yumurtaları ekleyin.

b) Islak ve kuru malzemeleri birleştirin ve 8 dakika yoğurun. Sıcak bir yere koyun ve hamurun hacmi iki katına çıkana kadar kabarmasını bekleyin.

c) Daha sonra zımbalayın ve istediğiniz şekli verin. Hamur karışımını iki katına çıkana kadar tekrar kabarmaya bırakın ve 350 derecede 25-30 dakika pişirin.

ç) Pişirme süresi ekmeğin şekline ve büyüklüğüne göre değişecektir.

d) Açık kahverengi göründüğünde ve dokunulduğunda içi boş bir ses duyulduğunda yapılır.

79. Lavanta Ballı Brioche

İÇİNDEKİLER:

- 1/2 su bardağı süt
- 5 yumurta
- 1/3 su bardağı şeker
- 3 1/2 bardak çok amaçlı un
- 1 1/2 çay kaşığı aktif kuru maya
- 1/2 çay kaşığı tuz
- 2 yemek kaşığı kurutulmuş lavanta çiçeği (mutfak sınıfı)
- 1 su bardağı dondurulmuş tereyağı, doğranmış
- 1/4 bardak bal
- 1 yumurta (sır için)

TALİMATLAR:

a) Ekmek makinesinde süt, yumurta, şeker, un, maya ve tuzu birleştirin.
b) İlk yoğurmanın ardından doğranmış dondurulmuş tereyağını ve kurutulmuş lavanta çiçeklerini ekleyin.
c) Ekmek makinesinin hamur döngüsünü tamamlamasına izin verin.
ç) Hamuru çıkarın, mutfak filmiyle sarın ve gece boyunca buzdolabında bekletin.
d) Pişirmeden önce hamuru ılık bir yerde 1 saat kadar dinlendirin. 12 parçaya bölün.
e) Büyük hamur parçalarını küreler halinde şekillendirin ve bunları tereyağlı kek pişirme kaplarına yerleştirin.
f) Derinleşme oluşturmak için her büyük kürenin ortasına basın.
g) Her böreğin derin kısmına bal dökün.
ğ) Bir havluyla örtün ve kabarması için bir saat daha dinlendirin.
h) Fırını önceden 350°F'ye (180°C) ısıtın.
ı) Bir yumurtayı çırpın ve her bir çörek yüzeyini yumurta yıkamasıyla fırçalayın.
i) 15-20 dakika veya altın rengi kahverengi olana kadar pişirin.
j) Lavanta Ballı Brioche'yi tel ızgara üzerinde soğutun.

80. Gül Yaprağı ve Kakule Brioche Düğümleri

İÇİNDEKİLER:

- 1/2 su bardağı süt
- 5 yumurta
- 1/3 su bardağı şeker
- 3 1/2 bardak çok amaçlı un
- 1 1/2 çay kaşığı aktif kuru maya
- 1/2 çay kaşığı tuz
- 2 organik gülün yaprakları (yıkanmış ve ince doğranmış)
- 1 su bardağı dondurulmuş tereyağı, doğranmış
- 1 çay kaşığı öğütülmüş kakule
- 1 yumurta (sır için)

TALİMATLAR:

a) Ekmek makinesinde süt, yumurta, şeker, un, maya ve tuzu birleştirin.
b) İlk yoğurmanın ardından doğranmış dondurulmuş tereyağını ekleyin.
c) Ekmek makinesinin hamur döngüsünü tamamlamasına izin verin.
ç) Hamuru çıkarın, mutfak filmiyle sarın ve bir gece buzdolabında bekletin.
d) Pişirmeden önce hamuru ılık bir yerde 1 saat kadar dinlendirin.
e) Hamuru 12 eşit parçaya bölün.
f) Büyük hamur parçalarını küreler halinde şekillendirin ve bunları tereyağlı kek pişirme kaplarına yerleştirin.
g) Kıyılmış gül yapraklarını ve öğütülmüş kakuleyi hamurun içine karıştırın.
ğ) Hamura düğümler halinde şekil verip fırın tepsisine dizin.
h) Bir havluyla örtün ve kabarması için bir saat daha dinlendirin.
ı) Fırını önceden 350°F'ye (180°C) ısıtın.
i) Bir yumurtayı çırpın ve her çörek düğümünün yüzeyini yumurta yıkamasıyla fırçalayın.
j) 15-20 dakika veya altın rengi kahverengi olana kadar pişirin.
k) Gül Yaprağı ve Kakuleli Brioche Düğümlerini tel raf üzerinde soğutun.

81.Portakal Çiçeği ve Fıstıklı Brioche Swirls

İÇİNDEKİLER:

- 1/2 su bardağı süt
- 5 yumurta
- 1/3 su bardağı şeker
- 3 1/2 bardak çok amaçlı un
- 1 1/2 çay kaşığı aktif kuru maya
- 1/2 çay kaşığı tuz
- 1/4 su bardağı kıyılmış antep fıstığı
- 1 su bardağı dondurulmuş tereyağı, doğranmış
- 1 çay kaşığı portakal çiçeği suyu
- 1 yumurta (sır için)

TALİMATLAR:

a) Ekmek makinesinde süt, yumurta, şeker, un, maya ve tuzu birleştirin.
b) İlk yoğurmanın ardından doğranmış dondurulmuş tereyağını ekleyin.
c) Ekmek makinesinin hamur döngüsünü tamamlamasına izin verin.
ç) Hamuru çıkarın, mutfak filmiyle sarın ve bir gece buzdolabında bekletin.
d) Pişirmeden önce hamuru ılık bir yerde 1 saat kadar dinlendirin.
e) Hamuru 12 eşit parçaya bölün.
f) Büyük hamur parçalarını küreler halinde şekillendirin ve bunları tereyağlı kek pişirme kaplarına yerleştirin.
g) Kıyılmış antep fıstığını ve portakal çiçeği suyunu hamurun içine karıştırın.
ğ) Hamuru dikdörtgen şeklinde açın ve fıstık karışımını eşit şekilde serpin.
h) Hamuru bir kütük haline getirin ve 12 tur halinde dilimleyin.
ı) Yuvarlakları tereyağlı kek pişirme kaplarına yerleştirin.
i) Bir havluyla örtün ve kabarması için bir saat daha dinlendirin.
j) Fırını önceden 350°F'ye (180°C) ısıtın.
k) Bir yumurtayı çırpın ve her bir çörek girdabının yüzeyini yumurta yıkamasıyla fırçalayın.
l) 15-20 dakika veya altın rengi kahverengi olana kadar pişirin.
m) Portakal Çiçeği ve Fıstıklı Brioche Swirls'i tel raf üzerinde soğutun.

82.Papatya ve Limon Kabaklı Brioche

İÇİNDEKİLER:

- 1/2 su bardağı süt
- 5 yumurta
- 1/3 su bardağı şeker
- 3 1/2 bardak çok amaçlı un
- 1 1/2 çay kaşığı aktif kuru maya
- 1/2 çay kaşığı tuz
- 2 yemek kaşığı kurutulmuş papatya çiçeği (mutfak sınıfı)
- 2 limonun kabuğu rendesi
- 1 su bardağı dondurulmuş tereyağı, doğranmış
- 1 yumurta (sır için)

TALİMATLAR:

a) Ekmek makinesinde süt, yumurta, şeker, un, maya ve tuzu birleştirin.
b) İlk yoğurmanın ardından doğranmış dondurulmuş tereyağını, kurutulmuş papatya çiçeklerini ve limon kabuğu rendesini ekleyin.
c) Ekmek makinesinin hamur döngüsünü tamamlamasına izin verin.
ç) Hamuru çıkarın, mutfak filmiyle sarın ve gece boyunca buzdolabında bekletin.
d) Pişirmeden önce hamuru ılık bir yerde 1 saat kadar dinlendirin. 12 parçaya bölün.
e) Büyük hamur parçalarını küreler halinde şekillendirin ve bunları tereyağlı kek pişirme kaplarına yerleştirin.
f) Derinleşme oluşturmak için her büyük kürenin ortasına basın.
g) Bir havluyla örtün ve kabarması için bir saat daha dinlendirin.
ğ) Fırını önceden 350°F'ye (180°C) ısıtın.
h) Bir yumurtayı çırpın ve her bir çörek yüzeyini yumurta yıkamasıyla fırçalayın.
ı) 15-20 dakika veya altın rengi kahverengi olana kadar pişirin.
i) Papatya ve Limon Zest Brioche'yi tel ızgara üzerinde soğutun.

83. Yasemin Çayı ve Şeftali Börek Ruloları

İÇİNDEKİLER:

- 1/2 su bardağı süt
- 5 yumurta
- 1/3 su bardağı şeker
- 3 1/2 bardak çok amaçlı un
- 1 1/2 çay kaşığı aktif kuru maya
- 1/2 çay kaşığı tuz
- 2 yemek kaşığı yasemin çayı yaprakları (açık veya çay poşetlerinden)
- 1 su bardağı dondurulmuş tereyağı, doğranmış
- 1 su bardağı doğranmış taze şeftali
- 1 yumurta (sır için)

TALİMATLAR:

a) Ekmek makinesinde süt, yumurta, şeker, un, maya ve tuzu birleştirin.
b) İlk yoğurmanın ardından doğranmış dondurulmuş tereyağını ekleyin.
c) Ekmek makinesinin hamur döngüsünü tamamlamasına izin verin.
ç) Hamuru çıkarın, mutfak filmiyle sarın ve bir gece buzdolabında bekletin.
d) Pişirmeden önce hamuru ılık bir yerde 1 saat kadar dinlendirin.
e) Hamuru 12 eşit parçaya bölün.
f) Büyük hamur parçalarını küreler halinde şekillendirin ve bunları tereyağlı kek pişirme kaplarına yerleştirin.
g) Yasemin çayı yapraklarını hamurun içine karıştırın.
ğ) Hamuru 12 parçaya bölün ve tereyağlı kek kalıplarına yerleştirin.
h) Derinleşme oluşturmak için her büyük kürenin ortasına basın.
ı) Çukurluğu doğranmış taze şeftalilerle doldurun.
i) Bir havluyla örtün ve kabarması için bir saat daha dinlendirin.
j) Fırını önceden 350°F'ye (180°C) ısıtın.
k) Bir yumurtayı çırpın ve her bir çörek yüzeyini yumurta yıkamasıyla fırçalayın.
l) 15-20 dakika veya altın rengi kahverengi olana kadar pişirin.
m) Yasemin Çayı ve Şeftali Börek Rulolarını tel ızgara üzerinde soğutun.

84.Hibiscus ve Berry Brioche Düğümleri

İÇİNDEKİLER:

- 1/2 su bardağı süt
- 5 yumurta
- 1/3 su bardağı şeker
- 3 1/2 bardak çok amaçlı un
- 1 1/2 çay kaşığı aktif kuru maya
- 1/2 çay kaşığı tuz
- 2 yemek kaşığı kurutulmuş ebegümeci çiçeği (mutfak sınıfı)
- 1 su bardağı dondurulmuş tereyağı, doğranmış
- 1 su bardağı karışık meyve (çilek, yaban mersini, ahududu)
- 1 yumurta (sır için)

TALİMATLAR:

a) Ekmek makinesinde süt, yumurta, şeker, un, maya ve tuzu birleştirin.
b) İlk yoğurmanın ardından doğranmış dondurulmuş tereyağını ekleyin.
c) Ekmek makinesinin hamur döngüsünü tamamlamasına izin verin.
ç) Hamuru çıkarın, mutfak filmiyle sarın ve bir gece buzdolabında bekletin.
d) Pişirmeden önce hamuru ılık bir yerde 1 saat kadar dinlendirin.
e) Hamuru 12 eşit parçaya bölün.
f) Büyük hamur parçalarını küreler halinde şekillendirin ve bunları tereyağlı kek pişirme kaplarına yerleştirin.
g) Kurutulmuş ebegümeci çiçeklerini hamurun içine karıştırın.
ğ) Hamura düğümler halinde şekil verip fırın tepsisine dizin.
h) Her düğümün ortasına bastırın ve içini karışık meyvelerle doldurun.
ı) Bir havluyla örtün ve kabarması için bir saat daha dinlendirin.
i) Fırını önceden 350°F'ye (180°C) ısıtın.
j) Bir yumurtayı çırpın ve her çörek düğümünün yüzeyini yumurta yıkamasıyla fırçalayın.
k) 15-20 dakika veya altın rengi kahverengi olana kadar pişirin.
l) Hibiscus ve Berry Brioche Knot'larını tel raf üzerinde soğutun.

85. Menekşe ve Limonlu Brioche Swirls

İÇİNDEKİLER:
- 1/2 su bardağı süt
- 5 yumurta
- 1/3 su bardağı şeker
- 3 1/2 bardak çok amaçlı un
- 1 1/2 çay kaşığı aktif kuru maya
- 1/2 çay kaşığı tuz
- 2 yemek kaşığı kurutulmuş menekşe yaprakları (mutfak sınıfı)
- 2 limonun kabuğu rendesi
- 1 su bardağı dondurulmuş tereyağı, doğranmış
- 1 yumurta (sır için)

TALİMATLAR:
a) Ekmek makinesinde süt, yumurta, şeker, un, maya ve tuzu birleştirin.
b) İlk yoğurmanın ardından doğranmış dondurulmuş tereyağını ekleyin.
c) Ekmek makinesinin hamur döngüsünü tamamlamasına izin verin.
ç) Hamuru çıkarın, mutfak filmiyle sarın ve bir gece buzdolabında bekletin.
d) Pişirmeden önce hamuru ılık bir yerde 1 saat kadar dinlendirin.
e) Hamuru 12 eşit parçaya bölün.
f) Büyük hamur parçalarını küreler halinde şekillendirin ve bunları tereyağlı kek pişirme kaplarına yerleştirin.
g) Kurutulmuş menekşe yapraklarını ve limon kabuğu rendesini hamurun içine karıştırın.
ğ) Hamuru dikdörtgen şeklinde açın ve çiçek karışımını eşit şekilde serpin.
h) Hamuru bir kütük haline getirin ve 12 tur halinde dilimleyin.
ı) Yuvarlakları tereyağlı kek pişirme kaplarına yerleştirin.
i) Bir havluyla örtün ve kabarması için bir saat daha dinlendirin.
j) Fırını önceden 350°F'ye (180°C) ısıtın.
k) Bir yumurtayı çırpın ve her bir çörek girdabının yüzeyini yumurta yıkamasıyla fırçalayın.
l) 15-20 dakika veya altın rengi kahverengi olana kadar pişirin.
m) Menekşe ve Limonlu Brioche Swirls'i tel raf üzerinde soğutun.

86. Mürver ve Yaban Mersinli Brioche

İÇİNDEKİLER:
- 1/2 su bardağı süt
- 5 yumurta
- 1/3 su bardağı şeker
- 3 1/2 bardak çok amaçlı un
- 1 1/2 çay kaşığı aktif kuru maya
- 1/2 çay kaşığı tuz
- 2 yemek kaşığı mürver çiçeği şurubu veya konsantresi
- 1 su bardağı dondurulmuş tereyağı, doğranmış
- 1 su bardağı taze yaban mersini
- 1 yumurta (sır için)

TALİMATLAR:
a) Ekmek makinesinde süt, yumurta, şeker, un, maya ve tuzu birleştirin.
b) İlk yoğurmanın ardından doğranmış dondurulmuş tereyağını ekleyin.
c) Ekmek makinesinin hamur döngüsünü tamamlamasına izin verin.
ç) Hamuru çıkarın, mutfak filmiyle sarın ve bir gece buzdolabında bekletin.
d) Pişirmeden önce hamuru ılık bir yerde 1 saat kadar dinlendirin.
e) Hamuru 12 eşit parçaya bölün.
f) Büyük hamur parçalarını küreler halinde şekillendirin ve bunları tereyağlı kek pişirme kaplarına yerleştirin.
g) Mürver çiçeği şurubunu karıştırın veya hamurun içine konsantre edin.
ğ) Hamuru 12 parçaya bölün ve tereyağlı kek kalıplarına yerleştirin.
h) Derinleşme oluşturmak için her büyük kürenin ortasına basın.
ı) Çukurluğu taze yaban mersini ile doldurun.
i) Bir havluyla örtün ve kabarması için bir saat daha dinlendirin.
j) Fırını önceden 350°F'ye (180°C) ısıtın.
k) Bir yumurtayı çırpın ve her bir çörek yüzeyini yumurta yıkamasıyla fırçalayın.
l) 15-20 dakika veya altın rengi kahverengi olana kadar pişirin.
m) Mürver Çiçeği ve Yaban Mersinli Brioche'yi tel ızgara üzerinde soğutun.

ŞALLAH BROŞ

87.Ekmek Makinası Challah

İÇİNDEKİLER:
- 2 büyük Yumurta
- ⅝ bardak Ilık Su
- 1½ yemek kaşığı Mısır Yağı veya başka yumuşak bir yağ
- ½ çay kaşığı Tuz
- 4½ yemek kaşığı Şeker
- 3 su bardağı Ekmeklik Un
- 2¼ çay kaşığı Hızlı Yükselen Maya

TALİMATLAR:
a) Malzemeler için belirtilen sırayı takip edin ve bunları üreticinin tercih ettiği sıraya göre ekmek makinesine ekleyin. Örneğin, bir Hitachi makinesinde önce ıslak malzemelerle başlayın, ancak diğer makinelerde kuru malzemelerle başlamak iyidir.
b) Ekmek makinenizde hamur modunu seçin. Hibachi 1,5 lb makine kullanıyorsanız, karıştırma başladıktan yaklaşık 30 saniye sonra mayayı ekleyin. Başka makine kullanıyorsanız mayayı kuru malzemelerin üzerine yerleştirebilirsiniz.
c) Hamur döngüsü tamamlandıktan sonra hamuru çıkarın ve unlanmış bir yüzeye bastırın. Hamur biraz yapışkan ve çok kabarık olacak.
ç) Bir kaç dakika dinlendirdikten sonra hamuru üçe bölüp her bir parçayı ip şeklinde yuvarlayıp birbirine örün.
d) Örgülü hamurun boyutu neredeyse iki katına çıkana kadar kabarmasını bekleyin, bu genellikle yaklaşık 45 dakika sürer. Örgülü somunu hafifçe yağlanmış bir fırın tepsisine kabaracak şekilde yerleştirin.
e) Fırını önceden 350°F'ye (175°C) ısıtın. Challah'ı yaklaşık 25 dakika veya altın kahverengi olana kadar pişirin. Parlak bir görünüm için isteğe bağlı olarak yumurta ile yıkama yapabilirsiniz, ancak somunlar bu olmadan da güzelce kızarmalıdır.

88. Mayonez Challah

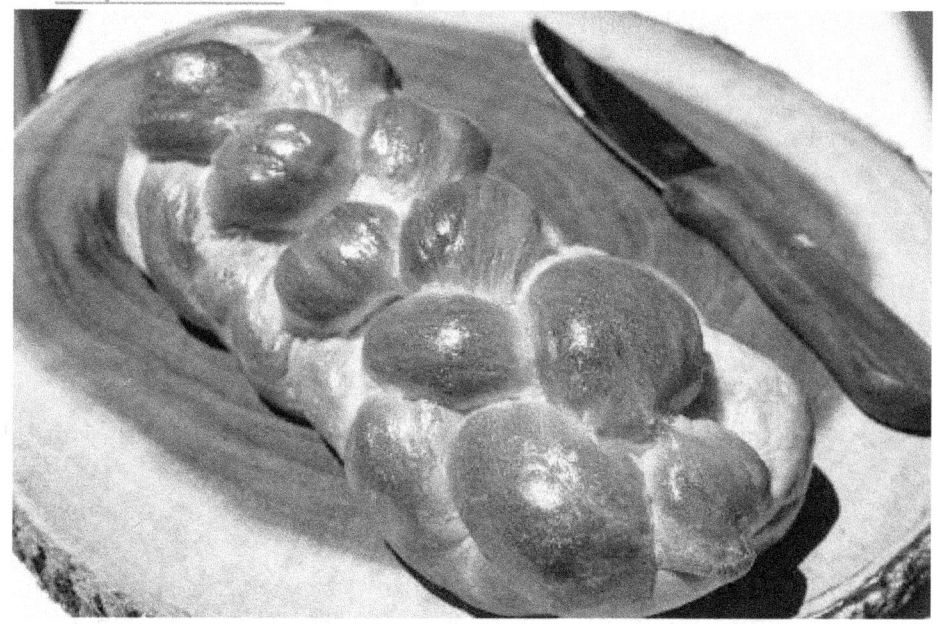

İÇİNDEKİLER:
- 7½ su bardağı Un
- ¼ bardak Şeker
- 2 paket Kuru Maya
- 1 çay kaşığı Tuz
- 1½ su bardağı ılık su
- ½ bardak Mayonez (salata sosu DEĞİL)
- 4 yumurta

TALİMATLAR:
a) Bir karıştırma kabında 2 su bardağı un, tuz, şeker ve kuru mayayı birleştirin.
b) Ilık su ekleyin ve elektrikli karıştırıcıyla düşük hızda 2 dakika çırpın.
c) 2 bardak daha un, mayonez ve 3 yumurta ekleyin. Mikserle orta hızda 2 dakika daha çırpın.
ç) Pürüzsüz ve elastik bir hamur oluşturmak için yeterli miktarda ilave unu (yaklaşık 3 bardak) elle karıştırın. İstenilen dokuyu elde etmek için gerektiği kadar un ekleyerek hamuru yoğurun.
d) Hamuru yağlanmış bir kaba alıp üzerini örtün ve iki katına çıkana kadar mayalanmaya bırakın.
e) Hamuru ikiye bölün ve ikiye bölün (veya daha küçük somunlar için üçe bölün). Hamurun üzerini örtüp 10 dakika dinlenmeye bırakın.
f) Her yarımı üç uzun ip benzeri parçaya bölün. Bir somun oluşturmak için üç parçayı bir araya getirin.
g) Örgülü somunu yağlanmış bir fırın tepsisine yerleştirin ve dördüncü yumurtayı kullanarak üzerine yumurta sarısı sürün. İsteğe bağlı olarak haşhaş tohumu veya diğer malzemeleri serpin.
ğ) Örgülü somunun boyutu iki katına çıkana kadar yükselmesine izin verin.
h) Fırını önceden 190°C'ye (375°F) ısıtın ve challah'ı yaklaşık 30 dakika veya test edilip güzelce kızarana kadar pişirin.
ı) Bu Mayonez Challah ileride kullanmak üzere iyice donar.

89.Altı Örgülü Challah

İÇİNDEKİLER:

- 2 paket Aktif Kuru Maya
- ¼ ila ½ bardak Şeker
- 1¼ bardak Ilık Su (105 ila 115 derece)
- 5 ila 6 su bardağı Ekmeklik Un
- 2 çay kaşığı Tuz
- 3 büyük Yumurta
- ¼ bardak Sebze Kısaltma
- 1 avuç Susam veya Haşhaş Tohumu
- Toz almak için mısır unu

TALİMATLAR:

a) Büyük bir kapta mayayı ve bir tutam şekeri 1 bardak ılık suda (105 ila 115 derece) eritin. 10 dakika bekletin.
b) Unu geniş bir kaseye alıp, eritilmiş maya karışımını ekleyin. Bir kaşıkla karıştırın. Kalan şekeri, tuzu, 2 yumurtayı ve sebze yağını ekleyin.
c) Yaklaşık bir dakika kadar çırpın ve ardından elle karıştırın. Hamuru hafifçe unlanmış bir yüzeye çevirin ve yumuşayana kadar yaklaşık 15 dakika yoğurun, gerekirse daha fazla su veya un ekleyin. Alternatif olarak, karıştırmak ve yoğurmak için karıştırıcıda bir hamur kancası kullanın.
ç) Hamuru hafifçe yağlanmış bir kaba yerleştirin, tüm yüzeyinin hafifçe yağlanmasını sağlamak için ters çevirin. Kaseyi bir bezle örtün ve ılık bir yerde (75 ila 80 derece) yaklaşık bir saat veya hamur iki katına çıkana kadar yükselmesine izin verin.
d) Hamuru yumruklayın ve 2 topa bölün. Her topu, her biri yaklaşık 12 inç uzunluğunda 6 yılan benzeri parçaya bölün.
e) 6 ipin tamamını bir tahtaya yan yana yerleştirin ve 6 ucunu birbirine bastırın. 3'er şeritli 2 gruba bölün ve örün. En soldaki ipliği alın ve diğer 2'nin üzerine ve merkeze yerleştirin. Hamur bitene kadar örgüye devam edin. Uçları birbirine sıkıştırın. İkinci somunla tekrarlayın.
f) Daha kolay bir seçenek için her topu 3 tele bölün ve örün. Dış şeridi ortadaki şeridin üzerine, ardından üçüncünün altına yerleştirin. Şeritleri iyice çekin ve örmeye devam edin. Uçları içeri sokun ve kalan 3 şeritle tekrarlayın.

g) Bir hamur fırçası kullanarak, suyla karıştırılmış kalan yumurtayı challah'a fırçalayın ve üzerine susam veya haşhaş tohumu serpin.
ğ) Ekmeği fırçaladıktan sonra ikinci parmağınızı yumurta akına batırın ve örgülerin üst kısmına girinti yapın. Daha çarpıcı bir tasarım için parmağınızı tohumlara batırın ve girintili alana tekrar dokunun.
h) Bir kurabiye kağıdını mısır unu ile serpin ve somunları üstüne yerleştirin. Plastik bir örtü ile örtün ve sıcak bir yerde 30 dakika boyunca yükselmelerini sağlayın.
ı) Fırını önceden 375°F'ye (190°C) ısıtın. Challah'ı yaklaşık 30 dakika veya altın rengi oluncaya kadar pişirin.

90. Yağsız Challah

İÇİNDEKİLER:
- 1½ su bardağı Su
- 2 yumurta
- 1½ yemek kaşığı Elma püresi
- 1½ çay kaşığı Tuz
- 3 yemek kaşığı Bal
- 3 yemek kaşığı Şeker
- 5 su bardağı Beyaz Un (veya beyaz ekmek unu – gluteni hariç tutun)
- 1½ yemek kaşığı Buğday Gluteni
- 3 çay kaşığı Maya
- 5 damla Sarı Gıda Boyası (isteğe bağlı)
- ¾ su bardağı kuru üzüm (isteğe bağlı)

TALİMATLAR:
a) Malzemeleri, modele göre belirtilen sıraya göre Ekmek Makinesine (ABM) ekleyin. "HAMUR" döngüsünü seçin.
b) İkinci yoğurmada istenirse ¾ su bardağı kuru üzüm ilave edilebilir.
c) ABM hamur döngüsünü tamamladıktan sonra hamuru çıkarın ve üç parçaya bölün.
ç) Her parçayı hafifçe plastik ambalajla örtün (yapışmayı önlemek için üzerine hafifçe PAM püskürtebilirsiniz) ve hamuru bir saat kadar kabarmaya bırakın.
d) Her parçayı açın ve hamuru örün. Yapışmalarına yardımcı olmak için uçlarını hafifçe ıslatın ve yuvarlak bir görünüm için somunun altına hafifçe katlayın.
e) Her örgülü somunu hafifçe PAM püskürtülmüş bir çerez kağıdına yerleştirin. Somunları plastik ambalajla örtün ve bir saat daha yükselmelerine izin verin.
f) Fırını 350 Fahrenheit'e (175 santigrat derece) önceden ısıtın.
g) Her bir somuna çırpılmış bir yumurta sürün (Yumurta Çırpıcıları kullanılabilir ve birkaç çay kaşığı yeterlidir).
ğ) Önceden ısıtılmış fırında 25-30 dakika veya altın rengi oluncaya kadar pişirin.

91.Kuru Üzüm Challah

İÇİNDEKİLER:
- 4 su bardağı ılık su
- 2 yemek kaşığı Kuru Maya
- 4 yumurta
- ½ su bardağı sıvı yağ
- ½ bardak Bal
- 2 su bardağı kuru üzüm
- 14 ila 15 su bardağı Un
- 1 yemek kaşığı Kaba Tuz

Sır:
- 1 Yumurta, Çırpılmış
- Haşhaş tohumları

TALİMATLAR:
a) Büyük bir karıştırma kabına ılık su dökün. Maya, yumurta, yağ, bal ve kuru üzümleri karıştırın. İyice karıştırın ve unun yaklaşık yarısını ekleyin. Karışımı 45 dakika ila 1 saat kadar dinlendirin.

b) Tuzu ve kalan unun çoğunu ekleyin. Hamur yumuşak oluncaya kadar karıştırıp yoğurun. Hamurun 1 saat kadar tekrar kabarmasına izin verin veya daha hızlı bir işlem için ikinci bir kabarma yapmadan devam edin.

c) Hamuru bölün ve somun haline getirin. Şekil verilen somunları yağlanmış tavalara yerleştirin ve 45 dakika ila 1 saat kadar mayalanmaya bırakın.

ç) Fırını önceden 350°F'ye (175°C) ısıtın.

d) Sır için bir yumurtayı çırpın ve somunların üzerine sürün. Üzerine haşhaş tohumlarını serpin.

e) Somunlar için 45 dakika ila 1 saat, rulolar için 30 dakika veya altın kahverengi olana ve dokunulduğunda içi boş bir ses çıkana kadar pişirin.

92. Yumuşak Şallah

İÇİNDEKİLER:
- 1½ bardak Koyu veya Sarı Kuru Üzüm, dolgun
- 1¾ su bardağı ılık su
- 2 yemek kaşığı Kuru Maya
- 1 tutam Şeker
- ⅓ bardak Şeker
- ⅓ bardak Hafif Bal
- 3½ çay kaşığı Tuz
- ½ su bardağı sıvı yağ
- 3 yumurta
- 2 Yumurta Sarısı
- Yaklaşık 6 ila 7 bardak Ekmek Unu
- 2 yemek kaşığı Su
- 2 çay kaşığı Şeker
- 1 yumurta
- 1 Yumurta Sarısı

Yumurta Yıkama:
- 1 yumurta
- 1 Yumurta Sarısı

TALİMATLAR:
a) Büyük bir karıştırma kabında mayayı, ılık suyu ve bir tutam şekeri karıştırın. Mayanın şişip çözünmesi için beş dakika bekletin.

b) Kalan şekeri, balı ve tuzu hızla karıştırın. Daha sonra yağı, yumurtayı, yumurta sarısını ve yaklaşık beş bardak unu ekleyin. Tüylü bir kütleye karıştırın. Unu çekmesi için 10-20 dakika kadar bekletin.

c) Hamuru elle veya hamur kancasıyla yoğurun, yumuşak ve elastik bir hamur elde edene kadar kalan unu gerektiği kadar ekleyin (yaklaşık 10-12 dakika). Hamur kasenin kenarlarından ayrılmalıdır. Yapışkansa, hamur yumuşak olana ancak artık yapışmayana kadar az miktarda un ekleyin.

ç) Hamuru hafifçe unlanmış bir tahta üzerinde on dakika dinlendirin, ardından düzleştirin ve erimiş kuru üzümleri hamurun içine mümkün olduğunca eşit bir şekilde bastırın, hamuru kuru üzümlerin üzerine katlayarak "içeriye sıkıştırın".

d) Hamuru yağlanmış bir kaseye koyun ve üzerini yağlanmış plastik ambalaj ve nemli bir kurulama havlusu ile örtün veya üzerini nemli bir kurulama havlusu ile örtün ve tüm kaseyi büyük bir plastik torbanın içine yerleştirin. Hamurun hava akımı olmayan bir yerde iki katına çıkana ve kabarık görünene kadar 45 ila 90 dakika arasında yükselmesine izin verin.

e) Gece boyunca serin bir kabarma yapacaksanız, hamuru büyük, hafifçe yağlanmış bir kaseye koyun ve bunu büyük bir plastik torbaya koyun. Gece boyunca buzdolabında bekletin. Hamur çok çabuk kabarıyorsa torbayı açın, hamuru söndürün ve tekrar kapatın. Ertesi gün hamurun ısınmasını bekleyin, ardından yavaşça söndürün ve devam edin.

f) Hamuru ikiye bölün. 'Faigele' veya türban şeklindeki Yeni Yıl challah'ı için, her bölümü bir ucu daha kalın olan uzun bir ip (yaklaşık 12-14 inç uzunluğunda) halinde şekillendirin ve önce daha kalın uçtan başlayarak ucu üste sıkıştırarak sarın. kilitlemek için." Alternatif olarak, her hamur bölümünü yaklaşık 14 inç uzunluğunda üç ipe bölün ve geleneksel bir challah örgüsü yapın.

g) Mısır unu serpilmiş bir fırın tepsisine yerleştirin. Küçük bir kapta yumurta yıkama malzemelerini birlikte çırpın. Somunu yumurta akı ile fırçalayın ve susam serpin.

ğ) Somunu yaklaşık 20-30 dakika kabarıncaya kadar mayalandırın. Fırını 400 derece F'ye önceden ısıtın.

h) Ekmeği 12 dakika pişirin, ardından ısıyı 350 derece F'ye düşürün ve 25 dakika daha veya ekmek eşit şekilde kızarana kadar pişirin.

93.Ekşi mayalı Challah

İÇİNDEKİLER:

- 1 su bardağı Ekşi Mayalı Başlangıç (et ile servis edilirse parve olmalıdır)
- 1 su bardağı Çok Sıcak Su
- 1 yemek kaşığı Maya veya 1 paket Maya
- 1 yemek kaşığı Bal
- 7 bardak Ekmek Unu (veya daha fazla, biraz arpa unu ile yüksek gluten veya ağartılmamış çok amaçlı un)
- 2 çay kaşığı Tuz
- 3 yumurta
- ¼ bardak bitkisel yağ (yaklaşık)
- 1 Yumurta Sarısı 3 damla Su ile karıştırılmış (daha fazla veya daha az)
- Haşhaş tohumları

TALİMATLAR:

a) Ekşi maya başlangıç maddesini, suyu, mayayı ve balı karıştırın. Bir sonraki adıma geçerken kabarmasına izin verin.
b) Geniş bir kapta 4 su bardağı un ve tuzu karıştırın.
c) Un/tuz karışımının ortasında bir havuz oluşturun ve yumurtaları ve yağı ekleyin.
ç) Köpüklü maya karışımını dökün ve kalın saplı tahta kaşık veya kürekle karıştırın.
d) Karışım kaseden çekilinceye kadar un ekleyin. Tamamen pürüzsüz olması gerekmez.
e) Tezgahın veya yoğurma tahtasının üzerine un serpin. Hamuru ortasına yerleştirin, karıştırma kabından alabildiğiniz kadar kazıyın. Daha sonraki bir adımda kullanmak üzere kaseyi yıkayın.
f) Ekmeği pürüzsüz ve elastik hale gelinceye kadar un ekleyerek yoğurun. Doku, okşandığında bebeğin çıplak poposu gibi hissetmelidir.
g) Yağlanmış karıştırma kabına hamuru yerleştirin. Mumlu kağıt ve kurulama havlusu ile örtün, ardından sıcak bir yere koyun. Hamuru yoğurduktan sonra parmak izlerinizi gördüğünüzde hazır demektir.
ğ) Hamuru tezgaha alın ve büyük hava kabarcıklarını çıkarmak için aşağı doğru bastırın. İki veya dört somun halinde örün ve bunları yağlı kurabiye kağıtlarının üzerine yerleştirin. Yarım saat daha yükselmelerine izin verin.
h) Fırını önceden 350°F'ye (175°C) ısıtın. Somunları yumurta sarısı karışımıyla yağlayın ve bolca haşhaş tohumu serpin. Tepsileri fırında çevirerek yaklaşık yarım saat pişirin. Somunlar vurulduğunda içi boş bir ses çıkarmalıdır. Soğumalarına izin verin.

94.Yeni yıl Challah

İÇİNDEKİLER:
- 1 su bardağı kuru üzüm
- 1 su bardağı kaynar su
- 1 su bardağı Soğuk Su (makine yapımında, geleneksel yöntemde 100-105 derece su kullanın)
- 1⅜ çay kaşığı Tuz
- 1 yemek kaşığı Şeker
- 2 Bütün Yumurta
- 2 Yumurta Sarısı, dövülmüş
- ¼ bardak Bal
- ¼ bardak Bitkisel Yağ
- 3 çay kaşığı Anında veya Hızlı Yükselen veya Hızlı Yükselen Maya
- 3½ ila 4 bardak Çok Amaçlı Un
- 1 çay kaşığı sıvı yağ (buzdolabının kaplanması için)
- 2 çay kaşığı Mısır Unu
- 1 yumurta
- 1 Yumurta Sarısı
- 2 yemek kaşığı susam (istenirse)

YUMURTA YIKAMA:
- 1 yumurta
- 1 Yumurta Sarısı

TALİMATLAR:
a) Kuru üzümleri orta boy bir kaseye koyun ve üzerine kaynar su dökün. 2 dakika kadar şişmelerine izin verin. Boşaltın, kurulayın ve soğumaya bırakın.

MAKİNE TALİMATLARI
b) Soğuk su, tuz, şeker, yumurta, yumurta sarısı, bal, yağ, maya ve 3 su bardağı unu makinenin tavasına veya üreticinin belirttiği sıraya göre koyun.

c) Hamur modunu veya programını açın. Hamur bir top oluşturduğundan ve kalan unu gerektirecek kadar ıslak göründüğünden, ilave un serpin. İkinci yoğurmadan önce kuru üzümleri ekleyin. Hamur oluştuktan sonra eklenmelidirler, ancak bir miktar yoğurma süresi bırakılmalıdır.

ç) Makineniz buna izin vermiyorsa hamur devrini tamamlayın. Unlu bir tahtaya çıkarın ve kuru üzümleri bastırın. Somun oluşturma talimatlarına ilerleyin. Not 2'ye bakın

d) Geleneksel talimatlar Büyük bir kapta ılık su, tuz, şeker ve balı karıştırın. Anında, hızlı yükselen veya hızlı yükselen maya serpin. Yumurtaları, yumurta sarısını ve bitkisel yağı çırpın. 3 su bardağı unu çırpın. Elektrikli bir karıştırıcı kullanıyorsanız, bir hamur kancası takın ve karıştırıcıyla veya elle, hamur yumuşak ve elastik hale gelinceye kadar, kasenin yanından ayrılıncaya kadar 8-10 dakika yoğurun. Hamur yapışkansa, hamur yumuşak oluncaya ve artık yapışmayana kadar az miktarda un ekleyin.

e) Kalan ¼ bardak unu çalışma yüzeyine serpin. Hamuru yüzeyde 10 dakika dinlendirin. Kuru üzümleri mümkün olduğu kadar eşit bir şekilde yoğurun veya bastırın, hamuru kuru üzümlerin üzerine katlayarak sıkıştırın. Hamuru nemli, temiz bir havluyla örtün. Hamuru 20 dakika dinlenmeye bırakın. Veya, gece boyunca kabarmasını bekliyorsanız, büyük, yağlı bir plastik torbaya koyun ve gece boyunca buzdolabında saklayın. Ekmeğin kabardığını görürseniz torbayı açın, hamurun havasını söndürün ve tekrar kapatın. Ertesi gün ekmeği yumruklayın ve aşağıdaki gibi devam edin.

f) Somun Şekillendirmek İçin: Folyo veya parşömenle kaplı ve üzerine mısır unu serpilmiş bir fırın tepsisi üzerinde çalışın. Geleneksel bir örgü için hamuru 3 adet 15 inç uzunluğunda kütüklere bölün; bir çelenk için 3 adet 18 inçlik kütük kullanın; türban için bir ucu diğer ucuna göre %20 daha kalın olan 2 adet 18 inçlik kütük kullanın. Örgü için 3 kütüğü örün, uçları birbirine sıkıştırın ve altına sıkıştırın. Yuvarlak bir çelenk için örün ve daire şeklinde şekillendirin. Uçları birleştirin ve görünmemeleri için turun içine sokun. Türbanlar için ekmeği kalın uçtan başlayarak yuvarlak şeklinde sarın. Sonunda ucu sıkıştırın ve altına sokun.

g) Yumurta yıkamak için küçük bir kapta yumurtayı ve sarısını karıştırın. Ekmeği cömertçe yumurta yıkamasıyla fırçalayın. 30-40 dakika kadar yükselmesine izin verin.

ğ) İstenirse tekrar fırçalayın ve susam serpin.

h) Pişirme: Pişirmeden 15 dakika önce fırını 190°C'ye (375°F) ısıtın. Kabuk güzelce kızarana ve dokunulduğunda içi boş bir ses çıkana kadar 30-35 dakika pişirin.

95.Doldurulmuş Challah

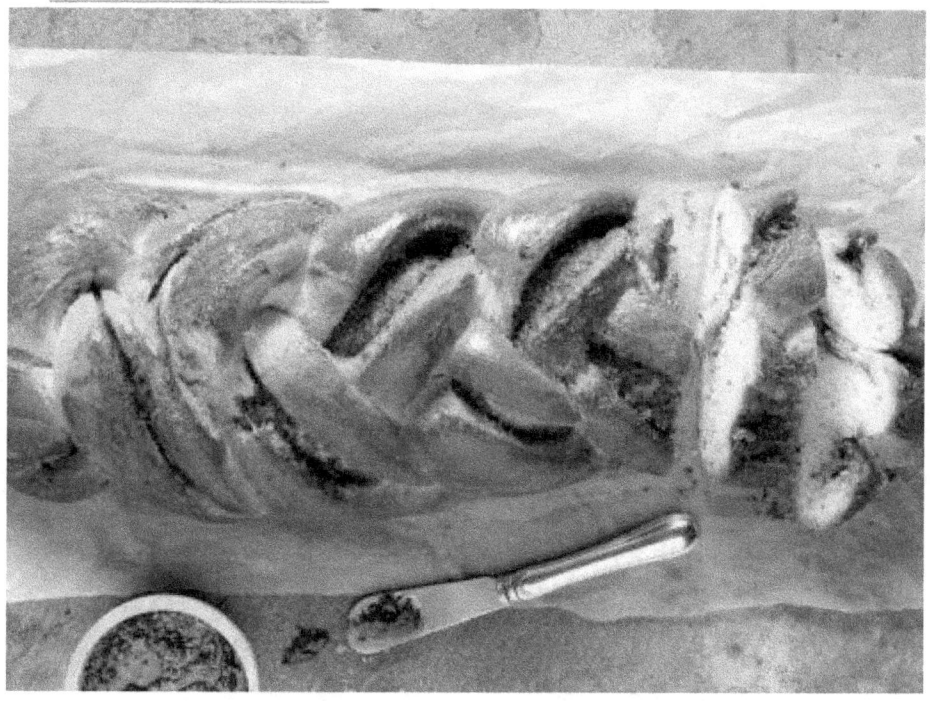

İÇİNDEKİLER:
- Şallah hamuru
- Doğranmış elma
- Esmer şeker
- Tarçın
- Yumurta Yıkama
- Üzerine serpmek için tarçın ve şeker

TALİMATLAR:
a) Challah hamurunuzu tercih ettiğiniz tarife göre hazırlayın.
b) Hamur şeritlerini düzleştirin ve biraz esmer şeker ve tarçınla sotelenmiş ince bir sıra doğranmış elmaları yerleştirin.
Pişirme sırasında dışarı sızmasını önlemek için karışımın iyice boşaltıldığından emin olun.
c) Her ipi jöle rulosuna benzer şekilde yukarı doğru yuvarlayın ve her iki ucunu da kapatın.
ç) Halatları dikkatlice örün.
d) Örgülü hamurun yaklaşık 45 dakika ila bir saat kadar yükselmesine izin verin.
e) Fırınınızı önceden ısıtın.
f) Örgülü hamuru yumurta akı ile fırçalayın.
g) Daha fazla lezzet katmak için üzerine tarçın ve şeker serpin.
ğ) Challah tarifi talimatlarına göre, challah altın kahverengi olana ve dokunulduğunda içi boş ses çıkana kadar pişirin.

96.Tatlı Şallah

İÇİNDEKİLER:
- ½ su bardağı artı ¼ çay kaşığı Toz Şeker
- 2¼ su bardağı Ilık Su
- 2 paket Aktif Kuru Maya
- 10 su bardağı Ağartılmamış Beyaz Ekmek Unu, ayrıca ihtiyaç halinde 1½ su bardağı daha
- 1 yemek kaşığı Kaba veya Kaşer Tuz
- Oda sıcaklığında çırpılmış 4 Jumbo Yumurta ve 1 Yumurta Sarısı
- ½ bardak Fıstık Yağı ve ayrıca tavaları yağlamak için daha fazlası
- ½ bardak artı 1 çay kaşığı Bal, bölünmüş
- ½ su bardağı kuru üzüm
- Haşhaş tohumları

TALİMATLAR:
a) Yarım çay kaşığı şekeri ılık suda eritin. Mayayı karıştırın; prova için hava akımı olmayan bir yerde bir kenara koyun (yaklaşık 10 dakika).

b) 10 su bardağı unu, tuzu ve kalan ½ su bardağı şekeri bir kapta elle veya hamur bıçağıyla donatılmış bir mutfak robotunda karıştırın. Elle karıştırıyorsanız unlu karışımın ortasını havuz gibi açın.

c) Kaseye veya mutfak robotu kabına 4 adet çırpılmış yumurta, ½ su bardağı sıvı yağ, ½ su bardağı bal ve mayalanmış maya karışımını ekleyin.

ç) Elle veya mutfak robotunda bir hamur bıçağıyla karıştırıp yoğurun, hamur yapışkan bir top oluşturup kenarlardan çekilinceye kadar ilave un ekleyin.

d) Hamuru unlanmış bir tahtaya yerleştirin; Gerektikçe un ekleyerek elle yoğurmaya devam edin. Hamur yoğurma nedeniyle kabarmış, nemli ve hafif yapışkan olmalı ancak tahtaya veya parmaklara yapışmamalıdır.

e) Hamuru yağlanmış bir kaseye yerleştirin; nemli bir mutfak beziyle örtün. Hacimsel olarak iki katına çıkana kadar 2½ ila 3 saat boyunca kabarması için hava akımı olmayan bir yerde bir kenara koyun.

f) Parmağınızla bastırarak hamuru test edin. Eğer geri esnemiyorsa ikinci yoğurmaya hazır demektir. Hamuru aşağı doğru bastırın ve üzerine kuru üzüm serpin. Kuru üzümleri yoğurun.
g) Hamuru yağlanmış bir tavaya yerleştirin, üzerini nemli bir bezle örtün ve hacmi iki katına çıkana kadar 1 ila 1½ saat tekrar kabarmaya bırakın.
ğ) Hamuru 4 eşit parçaya bölün. 4 parçanın her birini 3 eşit parçaya bölün. Her bir parçayı, daha ince uçları olan, en az 24 inç uzunluğunda bir ip halinde yuvarlayın.
h) Üç ipi bir ucundan sıkıştırın, ardından üç ipi birlikte örün. Örgüyü spiralin üst kısmından başlayarak bir bobin şeklinde sarın.
ı) Somunları çerez kağıtlarına veya sığ tavalara yerleştirin; nemli mutfak bezleri ile örtün. Somunların boyutu iki katına çıkana kadar yaklaşık 35 ila 45 dakika kadar kabarmaya bırakın.
i) Yumurta sarısını, kalan 1 tatlı kaşığı balı ve 1 yemek kaşığı soğuk suyu birleştirerek yumurta yıkama yapın. Her somunun üzerine yumurta sarısını fırçalayın. Haşhaş tohumu serpin.
j) Önceden ısıtılmış 350 derecelik fırında 35 ila 45 dakika pişirin. Somunlar altın rengi kahverengiye döndüğünde ve altına vurulduğunda içi boş bir ses çıkardığında pişmiş demektir.
k) Servis yapmadan önce tel raflarda soğutun.

97.Çok Tereyağlı Challah

İÇİNDEKİLER:

- 2½ Çubuk Tereyağı, eritilmiş
- 2 paket Maya
- 2 su bardağı ılık su
- 7 su bardağı ağartılmamış un
- 4 çay kaşığı Tuz
- 3 Yumurta, dövülmüş
- ½ bardak) şeker
- 2 Yumurta, dövülmüş
- Haşhaş Tohumları (isteğe bağlı)
- Susam Tohumları (isteğe bağlı)

TALİMATLAR:

a) Mayayı ılık suda eritin.
b) Geniş bir karıştırma kabında 3 yumurtayı çırpın. Yumurta karışımına tuz, şeker, çözünmüş maya ve eritilmiş tereyağı ekleyin.
c) 4 su bardağı unu bir kerede karıştırın. Yumuşak bir hamur elde edene kadar 3 su bardağı un daha eklemeye devam edin.
ç) Hamuru unlanmış bir tahta üzerinde artık yapışkan olmayana ve dokunulduğunda esnek hale gelinceye kadar yoğurun.
d) Hamuru yağlanmış bir karıştırma kabına koyun ve üzerini bir havluyla örtün. 1½ saat veya kütle olarak iki katına çıkana kadar yükselmesine izin verin.
e) Mayalanan hamuru biraz yoğurup 6 parçaya bölün. Uzun, ince halatlar oluşturmak için her parçayı elinizle yuvarlayın.
f) Uçlarını birbirine sıkıştırarak 3 ip örün. İşlemi diğer 3 iple tekrarlayın.
g) Her örgülü somunu kendi yağlanmış kurabiye kağıdına yerleştirin, bir havluyla örtün ve yaklaşık bir saat veya hacmi iki katına çıkana kadar kabarmasını bekleyin.
ğ) Fırını önceden 350°F'ye ısıtın.
h) Somunları çırpılmış 2 yumurta ile yağlayın ve istenirse haşhaş tohumu veya susam serpin.
ı) Önceden ısıtılmış fırında yaklaşık 45 dakika veya ekmek altın rengi kahverengi olana kadar pişirin.

98.Su Şallah

İÇİNDEKİLER:

- 2 paket Maya
- 1 çay kaşığı Şeker
- 2¼ bardak Sıcak Su
- 8 ila 9 bardak Elenmiş Un
- 1/3 ila 1/2 bardak Şeker
- 1/3 su bardağı sıvı yağ
- 1 yemek kaşığı artı 1 çay kaşığı Tuz
- 2 çay kaşığı Sirke

TALİMATLAR:

a) Mayayı ve bir çay kaşığı şekeri yarım bardak ılık suda eritin. Kabarcıklar oluşana kadar 5 dakika bekletin.

b) Bir karıştırma kabında 4 su bardağı un, maya karışımı ve geri kalan malzemeleri birleştirin. Yaklaşık 3 dakika çırpın.

c) Kalan unu her seferinde 1 bardak olacak şekilde çırpın, son bardakta elle veya ekmek kancasıyla yaklaşık 10 dakika yoğurun. Pürüzsüz bir doku için hamurun iyice yoğrulduğundan emin olun.

ç) Hamuru yağlanmış bir kaba koyun, çevirin, örtün ve ılık bir yerde iki katına çıkana kadar yaklaşık 1½ ila 2 saat mayalanmaya bırakın.

d) Hamuru yumruklayın ve 3 challah'a örün. İsterseniz daha küçük challahlar yapmak için hamuru bölebilirsiniz.

e) Örgülü challah'ları nemli bir bezle örtün ve yaklaşık 1 saat iki katına çıkana kadar mayalanmaya bırakın. Yükselen zamanın sonuna yaklaşırken onlara göz kulak olun.

f) Challah'ları çırpılmış yumurta ile yağlayın ve istenirse üzerine tohum serpin (isteğe bağlı).

g) Önceden ısıtılmış 345°F fırında 45 dakika pişirin. Alt kısmına vurulduğunda içi boş bir ses çıkardıklarında challahlar yapılmış demektir.

99.Çikolatalı Girdap Challah

İÇİNDEKİLER:
- 4 su bardağı çok amaçlı un
- 1/2 su bardağı şeker
- 1 çay kaşığı tuz
- 1 paket aktif kuru maya (yaklaşık 2 1/4 çay kaşığı)
- 1 bardak ılık su (110°F/43°C)
- 1/4 su bardağı bitkisel yağ
- 2 büyük yumurta
- 1/2 bardak kakao tozu
- 1/2 bardak çikolata parçaları (yarı tatlı)

TALİMATLAR:
a) Büyük bir kapta ılık su, şeker ve mayayı karıştırın. Köpük haline gelinceye kadar 5-10 dakika bekletin.
b) Maya karışımına yağı ve yumurtayı ekleyip iyice karıştırın.
c) Ayrı bir kapta un ve tuzu birleştirin. Bu karışımı yavaş yavaş ıslak malzemelere ekleyin ve bir hamur oluşuncaya kadar sürekli karıştırın.
ç) Hamuru iki parçaya bölün. Bir porsiyonda kakao tozunu tamamen karışana kadar yoğurun.
d) Hamurun her iki kısmını da ayrı yağlanmış kaselere koyun, üzerini örtün ve yaklaşık 1-1,5 saat veya hacmi iki katına çıkana kadar mayalanmaya bırakın.
e) Fırınınızı önceden 350°F (175°C) ısıtın.
f) Hamurun her parçasını dikdörtgen şeklinde açın. Çikolatalı hamuru sade hamurun üzerine yerleştirin ve çikolata parçacıklarını eşit şekilde serpin.
g) Hamuru sıkıca bir kütüğe yuvarlayın ve ardından geleneksel challah'ta yaptığınız gibi örün.
ğ) Örgülü somunu parşömen kağıdıyla kaplı bir fırın tepsisine yerleştirin. 30 dakika daha yükselmesine izin verin.
h) 25-30 dakika veya challah altın rengi kahverengi olana kadar pişirin. Dilimlemeden önce soğumaya bırakın.

100.Tuzlu Ot ve Peynir Challah

İÇİNDEKİLER:
- 4 su bardağı ekmek unu
- 1 yemek kaşığı şeker
- 1 çay kaşığı tuz
- 1 paket aktif kuru maya (yaklaşık 2 1/4 çay kaşığı)
- 1 bardak ılık su (110°F/43°C)
- 1/4 su bardağı zeytinyağı
- 2 büyük yumurta
- 1 su bardağı rendelenmiş Parmesan veya Pecorino peyniri
- 2 yemek kaşığı taze otlar (biberiye, kekik ve kekik gibi), ince doğranmış

TALİMATLAR:
a) Büyük bir kapta ılık su, şeker ve mayayı karıştırın. Köpük haline gelinceye kadar 5-10 dakika bekletin.
b) Maya karışımına yağı ve yumurtayı ekleyip iyice karıştırın.
c) Ayrı bir kapta un ve tuzu birleştirin. Bu karışımı yavaş yavaş ıslak malzemelere ekleyin ve bir hamur oluşuncaya kadar sürekli karıştırın.
ç) Hamuru iki parçaya bölün. Bir porsiyonda kakao tozunu tamamen karışana kadar yoğurun.
d) Rendelenmiş peyniri ve doğranmış otları hamura ekleyin ve iyice birleşene kadar yoğurun.
e) Fırınınızı önceden 350°F (175°C) ısıtın.
f) Hamurun her parçasını dikdörtgen şeklinde açın. Çikolatalı hamuru sade hamurun üzerine yerleştirin ve çikolata parçacıklarını eşit şekilde serpin.
g) Hamuru sıkıca bir kütüğe yuvarlayın ve ardından geleneksel challah'ta yaptığınız gibi örün.
ğ) Örgülü somunu parşömen kağıdıyla kaplı bir fırın tepsisine yerleştirin. 30 dakika daha yükselmesine izin verin.
h) 25-30 dakika veya challah altın rengi kahverengi olana kadar pişirin. Dilimlemeden önce soğumaya bırakın.

ÇÖZÜM

Keşfimizi "EN İYİ ÇÖREK EL KİTABI" ile tamamlarken, umarız her seferinde mükemmel börek pişirme sanatını benimsemişsinizdir. Bu sayfalardaki her tarif, çörek dünyasını tanımlayan neşenin, hassasiyetin ve becerinin bir kanıtıdır. Tarçınla sarmalanmış çöreklerin leziz katmanlarına hayran kalmış olsanız da ya da klasik çörek rulosunun sadeliğinden keyif almış olsanız da, bu el kitabının size kendi mutfağınızın rahatlığında fırıncılık kalitesinde çörekler yaratma gücü verdiğine inanıyoruz.

Malzemelerin ve tekniklerin ötesinde, fırından altın rengi, mis kokulu bir çörek çıkarmanın mutluluğu bir gurur ve neşe kaynağı olsun. Pişirme becerilerinizi geliştirmeye devam ederken, "EN İYİ ÇÖREK EL KİTABI" lezzetli çeşitler, yenilikçi değişiklikler ve taze pişmiş çörekleri arkadaşlarınız ve ailenizle paylaşmanın zamansız zevki için başvuracağınız kaynak olabilir.

İşte börek pişirme sanatı, mükemmel şekilde laminasyonlu hamurun büyüsü ve mutfak yolculuğunuzda sizi bekleyen sayısız keyif anları. Her seferinde mükemmel çörek pişirme sanatında ustalaşırken mutfağınız başarının tatlı aromasıyla dolsun!

www.ingramcontent.com/pod-product-compliance
Lightning Source LLC
LaVergne TN
LVHW021658060526
838200LV00050B/2410